Das einfache Leben

Charles Wagner war ein französischer reformierter Theologe und Pastor sowie ein erfolgreicher Autor. Die Universität Gießen zeichnete Wagner mit der Ehrendoktorwürde aus. Der Teil der Rue Daval, in der der *Temple protestant du Foyer de l'Âme* liegt, wurde 1925 in *Rue du Pasteur-Wagner* umbenannt.

Über das Buch:

Erscheint Ihnen das Leben manchmal ein wenig zu kompliziert? Ein endloses Rennen, das niemals endet. Die sich auftürmenden Sorgen und Nöte, die Sie jeden Tag überfallen und Ihnen die Freude und den inneren Frieden nehmen. Gibt es eine Möglichkeit, diese oft anstrengende Reise zu beenden und endlich ein besseres Leben zu führen? Oder vielleicht vermissen Sie am meisten ein einfaches Leben, frei von unnötigen Sorgen, Ängsten und ständigem Nachdenken? Vielleicht lohnt es sich, aus dieser schnell fahrenden Maschine auszusteigen, die wahrscheinlich nirgendwohin führt? Dabei hilft die Lektüre von "Das einfache Leben" - ein großartiges Buch von Charles Wagner.

DAS EINFACHE LEBEN

LEBEN

Die Befreiung von Stress und Sorgen

Ratgeber

Von
Charles Wagner

Neu-Übersetzung
der zwölften Ausgabe

ToppBook Wissen Bd. 29

Bibliografische Information der Deutschen Nationalbibliothek:
Die Deutsche Nationalbibliothek verzeichnet diese Publikation in der
Deutschen Nationalbibliografie; detaillierte bibliografische Daten
sind im Internet über dnb.dnb.de abrufbar

Neuübersetzung 2022

Herstellung und Verlag: BoD – Books on Demand, Norderstedt
ISBN: 978-3-7562-1836-3

Inhaltsverzeichnis

Das einfache Leben

VORWORT ZUR NEUNTEN AUSGABE

Heute, da *La Vie simple* (dt. Das einfache Leben) so oft nachgedruckt wurde, dass die alten Klischees abgenutzt sind und der Text neu zusammengesetzt werden muss, ist es sicherlich nicht uninteressant, hier einige Fakten über den Ursprung und das Schicksal dieses Buches zu notieren.

Am Tag nach einer Hochzeitsrede von Herrn Armand Colin, in der das Thema "Das einfache Leben in seiner Anwendung auf den Haushalt" behandelt wurde, schrieb mir der Pariser Verleger:

"Machen Sie uns doch ein Buch über das "Einfache Leben". Nichts wäre aktueller und notwendiger."

Sechs Monate später erschien das Buch.

Es fand eine gute Presse und ein besseres Publikum. Die Leser gaben ihm von einem zum anderen die vertraute und solide Reklame, mit der man sich gegenseitig seine Bücher empfiehlt, wie man sich seine Freunde vorstellt. Er wurde schnell bekannt und ohne das geringste Aufsehen zu erregen, wurde er in ganz Europa verbreitet und übersetzt.

Im Jahr 1901 übersetzte Miss Marie-Louise Hendee das Buch für Mc Clure in New York in elegantes Englisch. Eine bekannte amerikanische Romanautorin, Miss Grace King, stellte dem Buch eine mit großer Sorgfalt und Anmut geschriebene Notiz voran.

Das Buch lief in den Vereinigten Staaten bereits gut an, als Präsident Roosevelt es las und davon besonders beeindruckt war. Er schrieb an den Autor: "Ich predige Ihre Bücher meinen Landsleuten". In zwei aufsehenerregenden öffentlichen Reden, eine in Bangor und die andere in Philadelphia, empfahl er den Amerikanern die Lektüre von *The Simple Life*. Schließlich lud er den Autor ein, nach Amerika zu kommen und stellte ihn am 22. November 1904 im großen Theater am Lafayette-Square in Washington selbst dem Publikum vor, indem er seine Rede mit folgenden Worten eröffnete: "Dies ist das erste und einzige Mal, dass ich während meiner Präsidentschaft einen Redner einem Publikum vorstelle. Und ich bin mehr als glücklich, dies bei dieser Gelegenheit tun zu können, denn wenn es ein Buch gibt, von dem ich möchte, dass es von unserem gesamten Volk wie ein Traktat gelesen wird, und zwar ein interessantes Traktat, dann ist es *Das einfache Leben* von Herrn Wagner. Es gibt noch weitere Bücher von ihm, die wir gut gebrauchen können. Aber es gibt meines Wissens kein Buch, das in den letzten Jahren hier oder im Ausland geschrieben wurde, das so viele Dinge enthält, die wir Kinder Amerikas uns zu Herzen nehmen sollten, wie *Das einfache Leben*.

Auf einer kürzlichen, schönen Reise durch die Vereinigten Staaten konnte ich mich davon überzeugen, wie sehr Amerika dem Rat seines Präsidenten gefolgt ist.

Familien, Universitäten, Geschäftsleute, ein breites Publikum aus den verschiedensten Kreisen begann das Buch zu lesen. Die Zeitungen veröffentlichten es in Fortsetzungen, die Prediger schufen Ansprachen und die Zeichner Karikaturen. Zuletzt wurden die populären Ausgaben von den Händlern in den Straßen ausgerufen.

All dies ist ein Beweis dafür, dass dieses Buch zu seiner Zeit kam und einem tiefen Bedürfnis nach Vereinfachung inmitten dieser turbulenten und komplexen Zeit entsprach.

Durch einen ganz natürlichen Effekt überträgt sich der außerordentliche Erfolg der Übersetzungen heute auf die französische Ausgabe und verleiht ihr eine neue Energie.

Mögen diese Seiten, wenn sie sich verbreiten, die Aufmerksamkeit vieler unserer Zeitgenossen auf das erste aller Themen lenken: die Beschäftigung und die Organisation des Lebens.

Und mögen wir durch das Nachdenken über dieses Problem aller Probleme zu der Erkenntnis gelangen, dass das Glück, die Kraft und die Schönheit des Lebens zu einem großen Teil im Geist der Einfachheit begründet sind.

CHARLES WAGNER.
Paris, Februar 1905.

VORWORT ZUR ERSTEN AUSGABE

Der von Fieber geplagte und von Durst geplagte Kranke träumt im Schlaf von einem kühlen Bach, in dem er badet, oder von einem klaren Brunnen, aus dem er trinkt. So träumen unsere erschöpften Seelen in der komplizierten Hektik des modernen Lebens von der Einfachheit.

Ist das, was so schön genannt wird, ein für immer verlorenes Gut? Ich denke nicht, dass dies der Fall ist. Wenn die Einfachheit an einige außergewöhnliche Umstände gebunden wäre, die es nur in seltenen Epochen gab, sollte man darauf verzichten, sie noch zu verwirklichen. Man kann Zivilisationen nicht zu ihren Ursprüngen zurückbringen, genauso wenig wie man Flüsse mit unruhigen Fluten zu dem ruhigen Tal zurückbringen kann, wo die Zweige der Erlen sich an ihrer Quelle trafen.

Aber Einfachheit hängt nicht von bestimmten wirtschaftlichen oder sozialen Bedingungen ab, sondern ist vielmehr ein Geist, der die verschiedensten Arten von Leben beleben und verändern kann. Wir sind nicht darauf beschränkt, der Einfachheit mit hilflosem Bedauern hinterherzulaufen, sondern können sie zum Gegenstand unserer Entschlüsse und zum Ziel unserer praktischen Energie machen.

Das einfache Leben anzustreben, bedeutet eigentlich, die höchste menschliche Bestimmung zu erfüllen. Alle Bewegungen der Menschheit hin zu mehr Gerechtigkeit und mehr Licht waren gleichzeitig Bewegungen hin zu einem einfacheren Leben. Und die antike Einfachheit in Kunst, Sitten und Ideen behält für uns nur deshalb ihren unvergleichlichen Preis, weil es ihr gelungen ist, einigen wesentlichen Gefühlen und bleibenden Wahrheiten ein starkes Relief zu verleihen. Wir müssen diese Einfachheit lieben und uns bemühen, sie fromm zu bewahren. Aber er hätte nur den hundertsten Teil des Weges zurückgelegt, wenn er sich an die äußeren Formen halten und nicht versuchen würde, den Geist zu verwirklichen. Denn wenn es uns unmöglich ist, in den gleichen Formen wie unsere Väter einfach zu sein, können wir es in dem gleichen Geist bleiben oder wieder werden. Wir gehen auf anderen Pfaden, aber das Ziel der Menschheit bleibt im Grunde das gleiche: es ist immer der Polarstern, der den Seemann leitet, ob er nun auf einem Segelschiff oder auf einem Dampfschiff ist.

Dieses Ziel mit den uns zur Verfügung stehenden Mitteln zu erreichen, ist das Wichtigste, heute wie damals. Und weil wir oft davon abgewichen sind, haben wir unser Leben verwirrt und verkompliziert.

Wenn es mir gelingen würde, diese innere Vorstellung von Einfachheit zu vermitteln, hätte ich mich nicht umsonst bemüht. Einige Leser werden denken, dass ein solches Konzept die Sitten und die Erziehung durchdringen muss. Sie werden damit beginnen, sie in sich selbst zu kultivieren und ihr einige der Gewohnheiten zu opfern, die uns daran hindern, Menschen zu sein.

Zu viele sperrige Nichtigkeiten trennen uns von dem Ideal der Wahrheit, der Gerechtigkeit und der Güte, das unsere Herzen erwärmen und beleben sollte. All dieses Gestrüpp, unter dem Vorwand, uns und unser Glück zu schützen, hat uns schließlich das Licht verdeckt. Wann werden wir den Mut haben, den enttäuschenden Versuchungen eines komplizierten und unfruchtbaren Lebens die Antwort des Weisen entgegenzusetzen: "Geh mir aus der Sonne"?

Paris, Mai 1895.

I. Das komplizierte Leben.

Bei den Blanchards ist alles auf den Kopf gestellt und das ist auch gut so! Denken Sie daran, dass Miss Yvonne am Dienstag heiratet und es ist Freitag!

Es ist ein endloser Aufmarsch von Besuchern mit Geschenken und Lieferanten, die unter den Bestellungen leiden. Die Hausangestellten sind auf den Beinen. Die Eltern und zukünftigen Verwandten leben nicht mehr, sie haben keinen bekannten Wohnsitz. Tagsüber sind Sie bei den Näherinnen, Modistinnen, Polsterern, Tischlern, Juwelieren oder in der Wohnung, die den Malern und Schreinern überlassen wurde. Von dort aus geht es schnell zu den Kanzleien der Geschäftsleute, wo man wartet, bis man an der Reihe ist, und den Schreibern dabei zusieht, wie sie sich im Schatten der Papiere vergrößern. Danach bleibt kaum Zeit, um nach Hause zu gehen und sich für die Reihe der zeremoniellen Abendessen zu rüsten: Verlobungsessen, Vorstellungsessen, Vertragsessen, Partys und Bälle. Um Mitternacht kommen Sie müde nach Hause, aber dann finden Sie im Haus die neuesten Ankünfte und eine umfangreiche Korrespondenz vor. Glückwünsche, Komplimente, Zusagen und Absagen von Brautjungfern und Trauzeugen, Entschuldigungen von verspäteten Lieferanten. Und dann die Probleme in der letzten Stunde: ein plötzlicher Trauerfall, der die Prozession durcheinander bringt, eine schlimme Erkältung, die eine befreundete Schauspielerin daran hindert, an der Orgel zu singen, etc. Das ist alles von vorne! Die armen Blanchards werden niemals bereit sein, obwohl sie dachten, dass sie an alles gedacht und alles geplant hatten.

Und so leben sie nun schon seit einem langen Monat. Es gibt keine Möglichkeit mehr zu atmen, sich eine Stunde zu sammeln oder ein ruhiges Wort zu wechseln. Nein, das ist kein Leben...

Zum Glück gibt es noch Großmutters Zimmer! Großmutter wird bald achtzig. Nachdem sie viel gelitten und gearbeitet hat, ist sie dazu übergegangen, die Dinge mit der ruhigen Sicherheit zu betrachten, die diejenigen mit einem hohen Verstand und einem liebenden Herzen aus dem Leben mitbringen. Sie sitzt fast immer in ihrem Sessel und liebt die Stille der langen, meditativen Stunden. Der geschäftige Sturm, der durch das Haus tobt, hat sich respektvoll vor ihrer Tür aufgehalten. An der Schwelle dieses Asyls werden die Stimmen leiser und die Schritte leiser. Und wenn die jungen Verlobten einen Moment in Sicherheit sein wollen, flüchten sie zu Großmutter.

- Die armen Kinder", sagte sie zu ihnen, "Sie sind so aufgeregt. Ruhen Sie sich ein wenig aus, gehören Sie zueinander. Das ist die Hauptsache. Der Rest ist unwichtig und verdient es nicht, dass man sich damit beschäftigt.

Das spüren diese jungen Leute sehr wohl. Wie oft musste ihre Liebe in den letzten Wochen allen möglichen Konventionen, Forderungen und Nichtigkeiten weichen! Sie leiden unter dem Schicksal, das in diesem entscheidenden Moment ihres

Lebens ihre Gedanken immer wieder von der einen wesentlichen Sache ablenkt und sie durch die Vielzahl der nebensächlichen Sorgen treibt. Und gerne stimmen sie der Meinung der Großmutter zu, wenn sie ihnen zwischen einer Liebkosung und einem Lächeln sagt:

- Ja, meine Kinder, die Welt wird zu kompliziert und das alles macht die Menschen nicht glücklicher... im Gegenteil!

Ich stimme der guten Mutter zu. Von der Wiege bis zum Grab, in seinen Bedürfnissen und Freuden, in seiner Vorstellung von der Welt und von sich selbst, kämpft der moderne Mensch mit unzähligen Komplikationen. Nichts ist mehr einfach: nicht denken, nicht handeln, nicht genießen und nicht einmal sterben. Wir haben dem Leben mit unseren Händen eine Vielzahl von Schwierigkeiten hinzugefügt und viele Annehmlichkeiten weggenommen. Ich bin überzeugt, dass es heute Tausende meiner Mitmenschen gibt, die unter den Folgen eines zu künstlichen Lebens leiden. Sie werden uns dankbar sein, wenn wir versuchen, ihrem Unbehagen Ausdruck zu verleihen und sie in ihrem Bedauern über die Einfachheit, die sie verwirrt, zu ermutigen.

Lassen Sie uns zunächst eine Reihe von Tatsachen aufzählen, die die Wahrheit, die wir aufzeigen wollen, unterstreichen.

Die Kompliziertheit des Lebens zeigt sich in der Vielzahl unserer materiellen Bedürfnisse. Eines der allgemein anerkannten Phänomene dieses Jahrhunderts ist, dass unsere Bedürfnisse mit unseren Ressourcen gewachsen sind. Dies ist an sich nichts Schlechtes. Die Entstehung bestimmter Bedürfnisse ist in der Tat ein Zeichen des Fortschritts. Es ist ein Zeichen von Überlegenheit, wenn man das Bedürfnis hat, sich zu waschen, saubere Wäsche zu tragen, in einem gesunden Haus zu wohnen, sich mit einer gewissen Sorgfalt zu ernähren und seinen Geist zu kultivieren. Aber während es Bedürfnisse gibt, deren Entstehung wünschenswert ist und die ein Recht auf Leben haben, gibt es andere, die einen schädlichen Einfluss ausüben und sich wie Parasiten auf unsere Kosten erhalten. Es ist die Anzahl und die Dringlichkeit dieser Bedürfnisse, die uns Sorgen bereiten. Wenn man unseren Vorfahren hätte voraussagen können, dass die Menschheit eines Tages über alle Geräte verfügen würde, die sie jetzt hat, um ihre materielle Existenz zu erhalten und zu verteidigen, hätten sie daraus erstens eine Zunahme der Unabhängigkeit und damit des Glücks und zweitens eine große Beruhigung im Wettbewerb um die Güter des Lebens geschlossen. Sie hätten auch annehmen können, dass die Vereinfachung des Lebens, die sich aus diesen verbesserten Handlungsmöglichkeiten ergibt, zu einer höheren Moral führen würde. Nichts von alledem ist geschehen: weder das Glück, noch der soziale Friede, noch die Energie für das Gute haben zugenommen. Erstens: Haben Sie den Eindruck, dass Ihre Mitbürger in der Masse zufriedener sind als ihre Vorfahren und sich des Morgens sicherer sind? Ich frage nicht, ob sie Grund dazu hätten, sondern ob sie es tatsächlich sind. Wenn man sie leben sieht, scheint es mir, dass die meisten von ihnen mit ihrem Schicksal unzufrieden sind, sich vor allem um ihre materiellen

Bedürfnisse kümmern und von der Sorge um den nächsten Tag besessen sind. Nie war die Frage des Lebensunterhalts akuter und exklusiver als heute, da die Menschen besser ernährt, besser gekleidet und besser untergebracht sind als früher. Wer glaubt, dass die Frage: "Was werden wir essen, was werden wir trinken, was werden wir anziehen?" nur für arme Menschen relevant ist, die der Angst eines brotlosen und obdachlosen Morgens ausgesetzt sind, irrt sich. Bei ihnen ist sie natürlich und doch ist sie hier am einfachsten zu beantworten. Sie müssen zu denjenigen gehen, die beginnen, ein wenig Wohlstand zu genießen, um festzustellen, wie sehr die Zufriedenheit mit dem, was sie haben, durch das Bedauern über das, was ihnen fehlt, gestört wird. Und wenn Sie die Sorge um die materielle Zukunft in all ihrer luxuriösen Entwicklung beobachten möchten, schauen Sie sich die wohlhabenden Menschen und vor allem die Reichen an. Frauen, die nur ein Kleid besitzen, sind nicht diejenigen, die sich am meisten Gedanken darüber machen, wie sie sich kleiden werden, und es sind auch nicht die, die nur das Nötigste zu sich nehmen, die sich am meisten Gedanken darüber machen, was sie morgen essen werden. Es ist eine notwendige Konsequenz des Gesetzes, dass die Bedürfnisse mit der Befriedigung wachsen, die man ihnen gibt: je mehr Gutes ein Mensch hat, desto mehr braucht er.

Je mehr er sich nach der gewöhnlichen Sicht des gesunden Menschenverstandes des nächsten Tages sicher ist, desto mehr ist er dazu verurteilt, sich Gedanken darüber zu machen, wovon er und seine Kinder leben werden und wie er diese und ihre Nachkommen ernähren wird. Nichts kann eine Vorstellung von den Ängsten eines etablierten Mannes geben, von ihrer Anzahl, ihrem Umfang und ihren raffinierten Nuancen.

Aus all dem resultierte in den verschiedenen sozialen Schichten und unter verschiedenen Bedingungen, mit unterschiedlicher Intensität, eine allgemeine Unruhe, ein sehr komplexer Geisteszustand, der nicht besser als die Stimmung verwöhnter Kinder, die gleichzeitig erfüllt und unzufrieden sind, verglichen werden kann.

Wenn wir nicht glücklicher geworden sind, dann sind wir auch nicht friedlicher und brüderlicher geworden. Verwöhnte Kinder streiten sich oft und hartnäckig. Je mehr Bedürfnisse und Wünsche der Mensch hat, desto mehr Gelegenheiten für Konflikte mit seinen Mitmenschen, und diese Konflikte sind umso hasserfüllter, je weniger gerecht die Gründe dafür sind. Dass man um Brot und das Nötigste kämpft, ist ein Naturgesetz. Es mag brutal erscheinen, aber es gibt eine Entschuldigung in seiner Härte selbst und im Allgemeinen beschränkt es sich auf rudimentäre Grausamkeiten. Ganz anders ist der Kampf um Überflüssiges, um Ehrgeiz, um Privilegien, um Launen und um materiellen Genuss. Niemals hat der Hunger den Menschen dazu gebracht, die Niedrigkeit zu begehen, die ihn Ehrgeiz, Geiz und die Gier nach ungesunden Vergnügungen begehen lassen. Der Egoismus wird immer bösartiger, je mehr er sich verfeinert. Wir haben also in dieser Zeit eine Verschlimmerung der Feindseligkeit unter unseren Mitmenschen erlebt und unsere Herzen sind weniger friedlich als je zuvor.

Ist es sinnvoll, sich zu fragen, ob wir besser geworden sind? Liegt der Nerv des Guten nicht in der Fähigkeit des Menschen, etwas außerhalb seiner selbst zu lieben? Und welcher Platz bleibt für den Nächsten in einem Leben, das materiellen Sorgen, falschen Bedürfnissen, der Befriedigung von Ambitionen, Groll und Launen geopfert wird? Der Mensch, der sich ganz in den Dienst seiner Begierden stellt, lässt sie so stark wachsen und sich vermehren, dass sie stärker als er werden. Sobald er ihr Sklave ist, verliert er seinen moralischen Sinn und seine Energie und wird unfähig, das Gute zu erkennen und zu praktizieren. Er ist der inneren Anarchie der Begierden ausgeliefert, aus der mit der Zeit die äußere Anarchie entsteht. Das moralische Leben besteht in der Selbstregierung, die Unmoral besteht in der Selbstregierung durch unsere Bedürfnisse und Leidenschaften. So verschieben sich allmählich die Grundlagen des moralischen Lebens und die Regel des Urteils weicht ab.

Für einen Menschen, der ein Sklave zahlreicher und anspruchsvoller Bedürfnisse ist, ist Besitz das Gut par excellence, die Quelle aller anderen Güter. Es ist wahr, dass man im harten Wettbewerb um den Besitz dazu neigt, die Besitzer zu hassen und das Eigentumsrecht zu verneinen, wenn es in den Händen anderer liegt und nicht in den eigenen. Aber die Hartnäckigkeit, mit der wir das, was andere besitzen, angreifen, ist ein weiterer Beweis für die außerordentliche Bedeutung, die wir dem Besitz beimessen. Dinge und Menschen werden letztendlich nach ihrem Marktwert und dem Profit, den man daraus ziehen kann, bewertet. Alles, was nichts einbringt, ist nichts wert und wer nichts besitzt, ist nichts. Ehrliche Armut wird wahrscheinlich als Schande angesehen und Geld, auch wenn es schmutzig ist, hat es nicht allzu schwer, als Verdienst zu gelten...-Dann, so wird man einwenden, verurteilen Sie den modernen Fortschritt in Bausch und Bogen und möchten uns zu den guten alten Zeiten, vielleicht zum Asketismus, zurückführen...- Nicht im Geringsten. Es ist die sterilste und gefährlichste Utopie, die Vergangenheit wieder aufleben lassen zu wollen und die Kunst des guten Lebens besteht nicht darin, sich aus dem Leben zurückzuziehen. Wir möchten jedoch einen der Irrtümer, die den sozialen Fortschritt am stärksten beeinträchtigen, aufdecken, um ihn zu beheben, nämlich dass der Mensch durch die Steigerung des äußeren Wohlstands glücklicher und besser wird. Nichts ist falscher als dieses angebliche soziale Axiom. Im Gegenteil, die Abnahme der Fähigkeit glücklich zu sein und die Erniedrigung der Charaktere durch den materiellen Wohlstand ohne Gegengewicht ist eine Tatsache, die durch tausend Beispiele belegt wird. Eine Zivilisation ist nur so gut wie der Mensch, der sich in ihrem Zentrum befindet. Wenn es diesem Menschen an moralischer Führung fehlt, führt jeglicher Fortschritt nur dazu, dass das Übel noch schlimmer wird und die sozialen Probleme noch verworrener werden.

Dieses Prinzip kann auch in anderen Bereichen als dem des Wohlbefindens angewandt werden. Lassen Sie uns nur die Bereiche Bildung und Freiheit erwähnen. Wir erinnern uns an die Zeiten, in denen viel beachtete Propheten verkündeten, dass man nur die drei alten Mächte Armut, Unwissenheit und Tyrannei besiegen müsse, um die schlechte Erde in einen Aufenthaltsort der Götter zu verwandeln. Andere Propheten wiederholen heute die gleichen Vorhersagen. Wir haben gerade gesehen, dass die offensichtliche Verringerung des Elends den Menschen weder besser noch glücklicher gemacht hat. Wurde dieses Ergebnis bis zu einem gewissen Grad durch die lobenswerte Sorgfalt erreicht, die auf die Bildung verwendet wurde? In der heutigen Zeit scheint dies nicht der Fall zu sein und dies ist die Sorge und die Angst derer, die sich der nationalen Erziehung widmen. Dann muss man das Volk verdummen, die allgemeine Bildung abschaffen, die Schulen schließen. Keineswegs: aber Bildung ist, ebenso wie alle Geräte unserer Zivilisation, nur ein Werkzeug. Alles hängt von dem Arbeiter ab, der es benutzt.

Dasselbe gilt für die Freiheit: Sie ist schädlich oder nützlich, je nachdem, wie sie genutzt wird. Bleibt es eine Freiheit, wenn sie den Übeltätern oder sogar dem unordentlichen, launischen, respektlosen Menschen gehört? Die Freiheit ist eine höhere Lebensatmosphäre, die man durch eine langsame und geduldige innere Umwandlung atmen kann.

Alles Leben braucht ein Gesetz, das Leben des Menschen noch mehr als das der niederen Wesen, denn das Leben des Menschen und der Gesellschaften ist wertvoller und empfindlicher als das der Pflanzen und Tiere. Dieses Gesetz für den Menschen ist zunächst äußerlich, kann aber innerlich werden. Sobald der Mensch das innere Gesetz erkannt hat und sich vor ihm verbeugt, ist er durch Respekt und freiwilligen Gehorsam reif für die Freiheit. Solange er kein starkes und souveränes inneres Gesetz hat, ist er nicht in der Lage, die Luft der Freiheit zu atmen. Diese Luft berauscht ihn, macht ihn nervös und tötet ihn moralisch. Ein Mensch, der sich nach dem inneren Gesetz richtet, kann genauso wenig unter äußerer Autorität leben, wie ein ausgewachsener Vogel in der Schale des Eis; aber ein Mensch, der noch nicht den moralischen Punkt erreicht hat, an dem er sich selbst regiert, kann genauso wenig unter dem Regime der Freiheit leben, wie ein Vogelembryo ohne die schützende Schale. Diese Dinge sind schrecklich einfach und die Reihe ihrer alten und neuen Beweise wird vor unseren Augen immer größer. Und doch sind wir immer noch dabei, die eigentlichen Elemente eines so wichtigen Gesetzes zu missachten. Wie viele große und kleine Menschen in unserer Demokratie haben diese Wahrheit, ohne die ein Volk nicht in der Lage ist, sich selbst zu regieren, verstanden, weil sie sie geprüft, gelebt und manchmal auch erlitten haben? Freiheit ist Respekt; Freiheit ist Gehorsam gegenüber dem inneren Gesetz, und dieses Gesetz ist nicht das Wohlwollen der Mächtigen oder die Laune der Massen, sondern die unpersönliche und höhere Regel, vor der diejenigen, die das Kommando haben, zuerst ihr Haupt beugen. Würden wir dann sagen, dass die Freiheit abgeschafft werden muss? Nein, aber wir müssen uns ihrer fähig und würdig machen, sonst wird das öffentliche Leben unmöglich und eine Nation bewegt sich über Zügellosigkeit und mangelnde Disziplin auf die unentwirrbaren Komplikationen der Demagogie zu.

Wenn man die einzelnen Ursachen betrachtet, die unser soziales Leben stören und komplizieren, egal wie man sie nennen mag, und die Aufzählung wäre lang, so lassen sie sich alle auf eine allgemeine Ursache zurückführen, die da lautet: die Verwechslung des Nebensächlichen mit dem Wesentlichen. Wohlstand, Bildung, Freiheit, die gesamte Zivilisation bilden den Rahmen des Bildes, aber der Rahmen macht nicht das Bild, genauso wenig wie die Kleidung den Mönch und die Uniform den Soldaten ausmacht. Das Bild ist hier der Mensch, und der Mensch mit seinem Innersten, seinem Bewusstsein, seinem Charakter und seinem Willen. Und während der Rahmen gepflegt und verschönert wurde, wurde das Gemälde vergessen, vernachlässigt und beschädigt. Daher sind wir mit äußeren Gütern überfüllt und im geistlichen Leben armselig. Wir haben eine Fülle von Gütern, auf die wir vielleicht verzichten könnten, und wir sind unendlich arm an dem, was wir brauchen. Und wenn unser inneres Wesen erwacht, mit seinem Bedürfnis zu lieben, zu hoffen und sein Schicksal zu erfüllen, fühlt es die Angst eines Lebenden, der gerade begraben wurde, es erstickt unter der Anhäufung von sekundären Dingen, die auf ihm lasten und ihm die Luft und das Licht nehmen.

Wir müssen das wahre Leben freilegen, befreien und wieder in Ehren halten, alles auf seinen Platz stellen und uns daran erinnern, dass das Zentrum des menschlichen Fortschritts in der moralischen Kultur liegt. Was ist eine gute Lampe? Es ist nicht die am meisten verzierte, die am besten ziselierte, die aus dem wertvollsten Metall gefertigt ist. Eine gute Lampe ist eine Lampe, die gut leuchtet. Und genauso ist man ein Mensch und ein Bürger, nicht durch die Anzahl der Güter und Freuden, die man sich gönnt, nicht durch die intellektuelle und künstlerische Kultur, nicht durch die Ehren oder die Unabhängigkeit, die man genießt, sondern durch die Stärke seiner moralischen Faser. Und dies ist schließlich nicht eine Wahrheit von heute, sondern eine Wahrheit aller Zeiten.

Zu keiner Zeit konnten die äußeren Bedingungen, die der Mensch durch seine Industrie oder sein Wissen geschaffen hatte, ihn davon entbinden, sich um den Zustand seines inneren Lebens zu kümmern. Das Bild der Welt um uns herum verändert sich, die intellektuellen und materiellen Faktoren des Lebens verändern sich. Niemand kann sich diesem Wandel widersetzen, dessen plötzlicher Charakter manchmal gefährlich sein kann. Die große Aufgabe besteht jedoch darin, dass der Mensch auch unter den veränderten Umständen ein Mensch bleibt und sein Leben auf sein Ziel hin lebt. Egal wie weit der Weg ist, um sein Ziel zu erreichen, muss der Reisende sich nicht auf Nebenwegen verirren und sich nicht mit unnötigen Lasten belasten. Er sollte auf seine Richtung, seine Kräfte und seine Ehre achten und sein Gepäck vereinfachen, selbst wenn er dafür einige Opfer bringen muss, um sich auf das Wesentliche konzentrieren zu können, nämlich das Vorankommen.

II. Der Geist der Einfachheit.

Bevor wir darlegen können, wie die Rückkehr zur Einfachheit, die wir anstreben, in der Praxis aussehen könnte, ist es notwendig, die Einfachheit in ihrem eigentlichen Prinzip zu definieren. Denn es wird derselbe Fehler begangen, den wir gerade angeprangert haben, nämlich das Nebensächliche mit dem Wesentlichen, den Inhalt mit der Form zu verwechseln. Man ist versucht zu glauben, dass die Einfachheit bestimmte äußere Merkmale aufweist, an denen man sie erkennen kann und in denen sie besteht. Einfachheit und einfache Lebensumstände, bescheidene Kleidung, ein Haus ohne Prunk, Mittelmäßigkeit, Armut - diese Dinge scheinen zusammenzupassen. Dies ist jedoch nicht der Fall. Von den drei Männern, die ich auf meinem Weg getroffen habe, war einer in einer Kutsche, der andere zu Fuß und der dritte barfuß. Letzterer ist nicht notwendigerweise der einfachste der drei. Es ist möglich, dass der Mann, der in einem Wagen vorbeifährt, trotz seines hohen Status einfach ist und kein Sklave seines Reichtums ist; es ist möglich, dass der Mann in Schuhen den Mann, der in einem Wagen vorbeifährt, nicht beneidet und den Mann, der ohne Schuhe geht, nicht verachtet; und schließlich ist es möglich, dass der dritte unter seinen Lumpen und mit seinen Füßen im Staub die Einfachheit, die Arbeit und die Genügsamkeit hasst und nur von einem leichten Leben, Genuss und Müßiggang träumt. Zu den am wenigsten einfachen Menschen gehören die Bettler von Beruf, die Ritter der Industrie, die Parasiten, die ganze Herde der Unterwürfigen oder der Neider, deren Bestrebungen sich in folgendem zusammenfassen lassen: einen möglichst großen Fetzen von der Beute zu ergattern, die die Glücklichen der Erde verzehren. In die gleiche Kategorie gehören auch Ehrgeizige, Schlitzohren, Verweichlichte, Geizige, Stolze und Raffinierte, unabhängig davon, aus welchem Milieu sie stammen. Die Kleidung spielt keine Rolle, man muss das Herz sehen. Keine Klasse hat das Privileg der Einfachheit, kein Kostüm, egal wie demütig es aussieht, ist ein sicheres Zeichen dafür. Sein Zuhause ist nicht notwendigerweise die Mansarde, die Reetdachkate, die Zelle des Asketen oder das Boot des ärmsten Fischers. In allen Formen des Lebens, in allen sozialen Positionen, am unteren und oberen Ende der Leiter, gibt es Menschen, die einfach sind und andere, die es nicht sind. Wir wollen damit nicht sagen, dass es keine äußeren Anzeichen für Einfachheit gibt, dass sie nicht ihre eigene Art, ihren eigenen Geschmack und ihre eigenen Sitten hat, aber wir dürfen diese Formen, die man ihr vielleicht entnehmen kann, nicht mit ihrem eigentlichen Wesen und ihrer tiefen Quelle verwechseln. Diese Quelle ist ganz und gar innerlich. Einfachheit ist ein Geisteszustand. Sie liegt in der zentralen Absicht, die uns antreibt. Ein Mensch ist einfach, wenn sein höchstes Anliegen darin besteht, das zu sein, was er sein soll, d.h. einfach nur ein Mensch. Dies ist weder so einfach noch so unmöglich, wie man es sich vorstellen könnte. Im Grunde genommen geht es darum, sein Streben und seine Handlungen mit dem Gesetz unseres Seins in Einklang zu bringen und somit mit der ewigen Absicht, die uns dazu bestimmt hat, zu sein. Dass eine Blume eine Blume ist, eine Schwalbe eine Schwalbe, ein Fels ein Fels und ein Mensch ein Mensch ist und nicht ein Fuchs, ein Hase, ein Raubvogel oder ein Schwein, das ist alles.

Hier kommen wir nun dazu, das praktische Ideal des Menschen zu formulieren. In jedem Leben sehen wir eine gewisse Menge an Kräften und Substanzen, die zu einem Zweck zusammengeführt werden. Mehr oder weniger rohe Materialien werden umgewandelt und zu einem höheren Grad der Organisation gebracht. Im Leben der Menschen ist dies nicht anders. Das Ideal des Menschen besteht also darin, das Leben in Güter umzuwandeln, die größer sind als es selbst. Das Leben kann mit einem Rohstoff verglichen werden. Was es ist, ist weniger wichtig als das, was wir daraus machen. Wie bei einem Kunstwerk sollte man das schätzen, was der Arbeiter in das Werk hineingelegt hat. Wir werden mit unterschiedlichen Gaben geboren. Einem wurde Gold gegeben, einem anderen Granit, einem dritten Marmor und den meisten Holz oder Lehm. Unsere Aufgabe ist es, diese Materialien zu formen. Jeder weiß, dass man die wertvollste Substanz verderben kann, aber auch, dass man aus einem wertlosen Material ein unsterbliches Werk schaffen kann. Kunst besteht darin, eine dauerhafte Idee in einer vergänglichen Form zu verwirklichen. Das wahre Leben besteht darin, die höheren Güter Gerechtigkeit, Liebe, Wahrheit, Freiheit und moralische Energie in unserer täglichen Arbeit zu verwirklichen, unabhängig davon, wo und in welcher äußeren Form sie stattfindet. Und dieses Leben ist unter den unterschiedlichsten sozialen Bedingungen und mit den ungleichsten natürlichen Begabungen möglich. Nicht Reichtum oder persönliche Vorteile, sondern der Nutzen, den wir daraus ziehen, macht den Wert des Lebens aus. Glanz ist nicht mehr als die Länge, die Qualität ist das Wichtigste.

Ist es notwendig zu sagen, dass man nicht ohne Anstrengung und Kampf zu diesem Punkt aufsteigen kann? Der Geist der Einfachheit ist nicht ein Gut, das man erbt, sondern das Ergebnis einer mühsamen Eroberung. Gut zu leben und gut zu denken bedeutet, zu vereinfachen. Jeder weiß, dass die Wissenschaft darin besteht, aus der dichten Summe der verschiedenen Fälle einige allgemeine Regeln herauszuarbeiten. Aber wie viel Dunkelheit und Versuch und Irrtum sind nötig, um diese Regeln zu entdecken! Jahrhunderte der Forschung verdichten sich oft zu einem Prinzip, das in einer Zeile steht. Das moralische Leben weist in diesem Punkt eine große Ähnlichkeit mit dem wissenschaftlichen Leben auf. Auch sie beginnt in einer gewissen Verwirrung, versucht sich, sucht sich selbst und irrt sich oft. Aber indem der Mensch handelt und sich aufrichtig Rechenschaft über seine Handlungen gibt, lernt er das Leben immer besser kennen. Das Gesetz erscheint ihm und das ist das Gesetz: Erfüllen Sie Ihre Mission. Wer sich auf etwas anderes als auf die Erreichung dieses Ziels konzentriert, verliert den Sinn des Lebens. So machen es die Egoisten, die Genießer, die Ehrgeizigen. Sie konsumieren die Existenz, wie man seinen Weizen im Gras isst. Sie hindern es daran, Früchte zu tragen. Ihr Leben ist ein verlorenes Leben. Im Gegensatz dazu rettet derjenige, der das Leben für ein höheres Gut nutzt, es, indem er es verschenkt. Moralische Vorschriften, die dem oberflächlichen

Betrachter willkürlich erscheinen und so aussehen, als würden sie unseren Lebens-eifer hemmen, haben im Grunde nur ein Ziel: uns vor dem Unglück zu bewahren, unnötig gelebt zu haben. Aus diesem Grund führen sie uns immer wieder in die gleiche Richtung und haben alle den gleichen Sinn: Verschwende dein Leben nicht, sondern nutze es! Geben Sie es, damit es nicht verloren geht. Darin ist die Erfahrung der Menschheit zusammengefasst. Diese Erfahrung, die jeder Mensch für sich selbst wiederholen muss, wird umso wertvoller, je mehr sie ihn gekostet hat. Durch diese Erfahrung wird sein moralischer Ansatz sicherer, er hat eine Orientierungshilfe, einen inneren Standard, auf den er alles zurückführen kann, und die Unsicherheit, die Verwirrung und die Kompliziertheit, die er vorher hatte, werden nun einfach. Durch den ständigen Einfluss desselben Gesetzes, das in ihm wächst und sich jeden Tag in der Praxis bewährt, verändert sich sein Urteilsvermögen und seine Gewohnheiten.

Wenn er einmal von der Schönheit und Größe des wahren Lebens ergriffen ist, von dem Heiligen und Rührenden im Kampf der Menschheit um Wahrheit, Gerechtigkeit und Güte, dann bleibt er von der Faszination dieses Kampfes in seinem Herzen gefangen. Und alles ordnet sich auf natürliche Weise dieser mächtigen und anhaltenden Sorge unter. Die notwendige Hierarchie der Mächte und Kräfte wird in ihm organisiert. Das Wesentliche befiehlt, das Unwesentliche gehorcht und die Ordnung entsteht aus der Einfachheit. Der Mechanismus des inneren Lebens kann mit dem einer Armee verglichen werden. Eine Armee wird durch Disziplin stark, und Disziplin besteht aus dem Respekt des Unteren vor dem Oberen und der Konzentration aller Energien auf das gleiche Ziel. Sobald die Disziplin nachlässt, leidet die Armee. Der Unteroffizier sollte nicht über den General befehlen. Überprüfen Sie Ihr eigenes Leben und das Leben anderer, das Leben der Gesellschaft. Jedes Mal, wenn etwas nicht stimmt oder knirscht und es zu Komplikationen oder Unordnung kommt, liegt es daran, dass der Gefreite dem General befohlen hat. Wo das Gesetz der Einfachheit in die Herzen eindringt, verschwindet die Unordnung.

Ich verzweifle daran, die Einfachheit jemals in einer Weise zu beschreiben, die ihrer würdig ist. Alle Kraft der Welt und all ihre Schönheit, alle wahre Freude, alles, was tröstet und die Hoffnung erhöht, alles, was ein wenig Licht auf unsere dunklen Pfade bringt, alles, was uns in unserem armen Leben ein erhabenes Ziel und eine große Zukunft voraussehen lässt, kommt von den einfachen Menschen, die ihren Wünschen einen anderen Zweck als die vorübergehenden Befriedigungen des Egoismus und der Eitelkeit zugewiesen haben und die verstanden haben, dass die Wissenschaft des Lebens darin besteht, sein Leben zu geben.

III. Einfaches Denken.

Nicht nur unser Leben in seinen praktischen Manifestationen, sondern auch das Gebiet unserer Ideen muss gereinigt werden. Im menschlichen Denken herrscht Anarchie; wir bewegen uns im Dickicht, verloren in den unendlichen Details, ohne Orientierung und ohne Richtung.

Sobald der Mensch erkannt hat, dass er ein Ziel hat und dass dieses Ziel darin besteht, ein Mensch zu sein, organisiert er sein Denken dementsprechend. Jede Art zu denken, zu verstehen oder zu urteilen, die ihn nicht besser und stärker macht, lehnt er als ungesund ab.

Zunächst einmal meidet er die allzu häufige Neigung, sich an seinem Denken zu erfreuen. Das Denken ist ein ernsthaftes Werkzeug, das seine Funktion im Ganzen erfüllt: Es ist kein Spielzeug. Nehmen wir ein Beispiel: Dies ist das Atelier eines Malers. Die Werkzeuge sind an ihrem Platz. Alles deutet darauf hin, dass dieses Set von Mitteln zu einem Zweck angeordnet ist. Öffnen Sie die Tür für Affen. Sie werden auf die Werkbänke klettern, sich an den Seilen aufhängen, sich in die Stoffe hüllen, sich mit Pantoffeln frisieren, mit den Pinseln jonglieren, die Farben probieren und die Leinwände durchstechen, um zu sehen, was in den Porträts steckt. Ich zweifle nicht an ihrem Vergnügen und bin mir sicher, dass sie diese Art von Übung sehr interessant finden werden. Aber ein Atelier ist nicht dafür gedacht, Affen darauf loszulassen. Ebenso wenig ist das Denken ein Ort für akrobatische Übungen. Ein Mann, der diesen Namen verdient, denkt so, wie er ist und wie er liebt; er ist mit ganzem Herzen dabei und nicht mit jener losgelösten und sterilen Neugier, die unter dem Vorwand, alles sehen und alles wissen zu wollen, niemals eine gesunde und tiefe Emotion empfinden und niemals eine echte Handlung hervorbringen wird.

Eine weitere Gewohnheit, die wir dringend ablegen müssen, ist die Angewohnheit, sich selbst zu untersuchen und zu analysieren, wann immer es nötig ist. Ich fordere den Menschen nicht dazu auf, die innere Beobachtung und die Gewissenserforschung zu vernachlässigen. Der Versuch, Klarheit über seinen Geist und die Gründe für sein Verhalten zu erlangen, ist ein wesentlicher Bestandteil eines guten Lebens. Aber etwas anderes ist Wachsamkeit, etwas anderes ist die unaufhörliche Bemühung, sich selbst beim Leben und Denken zu beobachten und sich selbst wie ein Uhrwerk zu zerlegen. Es ist eine Zeitverschwendung und eine Verwirrung. Ein Mensch, der, um sich besser auf das Gehen vorzubereiten, zuerst eine gründliche anatomische Untersuchung seiner Fortbewegungsmittel durchführen möchte, riskiert, sich zu verrenken, bevor er einen einzigen Schritt getan hat. "Sie haben alles, was Sie zum Gehen brauchen, also gehen Sie voran! Hüten Sie sich davor, zu fallen und setzen Sie Ihre Kraft mit Bedacht ein. Die Suche nach kleinen Tieren und der Handel mit Skrupeln werden auf Untätigkeit reduziert. Ein Funke gesunden Menschenverstandes genügt, um zu erkennen, dass der Mensch nicht für Nabelschau geschaffen ist.

Finden Sie nicht auch, dass der gesunde Menschenverstand so selten geworden ist wie die guten Sitten von früher? Der gesunde Menschenverstand ist altmodisch. Es muss etwas anderes her und man sucht um vierzehn Uhr nachmittags. Denn dies ist eine Raffinesse, die sich das gemeine Volk nicht leisten kann und es ist so angenehm, sich zu unterscheiden. Anstatt sich wie ein natürlicher Mensch zu verhalten, der die ihm zur Verfügung stehenden Mittel nutzt, kommen wir durch Genialität zu den erstaunlichsten Eigenheiten. Lieber entgleisen als der einfachen Linie folgen! Alle Abweichungen und Missbildungen des Körpers, die von der Orthopädie behandelt werden, geben nur eine schwache Vorstellung von den Beulen, Verdrehungen und Verrenkungen, die wir uns selbst zugefügt haben, um vom gesunden Menschenverstand abzuweichen. Und wir lernen auf unsere Kosten, dass man sich nicht ungestraft verformen kann. Die Neuheit ist schließlich vergänglich. Nur die unsterblichen Banalitäten sind von Dauer und wenn wir davon abweichen, dann nur, um die gefährlichsten Abenteuer zu erleben. Glücklich ist der, der zurückkehrt und wieder einfach wird. Der einfache gesunde Menschenverstand ist nicht, wie viele sich vielleicht vorstellen, das angeborene Eigentum des Erstbesten, ein vulgäres und triviales Gepäckstück, das niemanden Mühe gekostet hat. Ich vergleiche ihn mit den alten, anonymen und unvergänglichen Volksliedern, die aus dem Herzen der Massen entsprungen zu sein scheinen. Der gesunde Menschenverstand ist das Kapital, das langsam und mühsam durch die Arbeit der Jahrhunderte angesammelt wurde. Es ist ein reiner Schatz, dessen Wert nur derjenige versteht, der ihn verloren hat oder der sieht, wie die Menschen leben, die ihn nicht mehr haben. Ich für meinen Teil denke, dass keine Mühe zu groß ist, um den gesunden Menschenverstand zu erlangen und zu bewahren, um seine klaren Augen und sein gerades Urteilsvermögen zu erhalten. Man passt gut auf sein Schwert auf, damit es nicht verbogen oder vom Rost zerfressen wird. Umso mehr sollte man auf seine Gedanken achten.

Aber wir müssen dies verstehen. Ein Aufruf zum gesunden Menschenverstand ist kein Aufruf zum bodenständigen Denken, zu einem engstirnigen Positivismus, der alles leugnet, was er nicht sehen oder berühren kann. Denn auch dies ist ein Mangel an gesundem Menschenverstand, wenn man den Menschen in sein materielles Empfinden absorbieren will und die hohen Realitäten der inneren Welt vergisst. Hier kommen wir zu einem schmerzhaften Punkt, um den sich die größten Probleme der Menschheit ranken. Wir kämpfen darum, eine Vorstellung vom Leben zu erlangen, wir suchen sie durch tausend Dunkelheiten und Schmerzen hindurch und alles, was die geistigen Realitäten betrifft, wird von Tag zu Tag beängstigender. Inmitten der großen Verlegenheiten und der vorübergehenden Verwirrung, die mit den großen Krisen des Denkens einhergehen, scheint es schwieriger denn je zu sein, sich mit einigen einfachen Prinzipien aus der Affäre zu ziehen. Doch die Notwendigkeit selbst kommt uns zu Hilfe, so wie sie es für die Menschen aller Zeiten getan hat. Das Programm des Lebens ist schließlich schrecklich einfach und gerade weil die

Existenz so drängend ist und sich aufdrängt, warnt sie uns, dass sie der Vorstellung, die wir uns von ihr machen können, vorausgeht und dass niemand mit dem Leben warten kann, bis er es verstanden hat. Wir stehen überall mit unseren Philosophien, Erklärungen und Überzeugungen vor vollendeten Tatsachen und es sind diese vollendeten, wunderbaren, unwiderlegbaren Tatsachen, die uns zur Ordnung rufen, wenn wir das Leben aus unseren Überlegungen ableiten und mit dem Handeln warten wollen, bis wir mit dem Philosophieren fertig sind. Dies ist die glückliche Notwendigkeit, die die Welt nicht zum Stillstand kommen lässt, wenn der Mensch an seinem Weg zweifelt. Als Reisende für einen Tag werden wir in eine große Bewegung hineingezogen, zu der wir beitragen müssen, die wir aber weder vorhergesehen, noch in ihrer Gesamtheit erfasst, noch in ihren letzten Zielen erforscht haben. Unsere Aufgabe ist es, die Rolle eines einfachen Soldaten treu zu erfüllen und unser Denken muss sich an diese Situation anpassen. Wir sollten nicht sagen, dass die Zeiten für uns schwieriger sind als für unsere Vorfahren, denn was man aus der Ferne sieht, sieht man oft schlecht und es ist eine Schande, sich darüber zu beschweren, dass man nicht zur Zeit seines Großvaters geboren wurde. Was in diesem Zusammenhang am wenigsten bestritten werden kann, ist folgendes: Seit es die Welt gibt, ist es schwierig, sie klar zu sehen. Überall und immer war es schwierig, richtig zu denken. Die Alten haben in dieser Hinsicht kein Privileg gegenüber den Modernen. Und man kann hinzufügen, dass es keinen Unterschied zwischen den Menschen gibt, wenn man sie unter diesem Gesichtspunkt betrachtet. Ob der Mensch gehorcht oder befiehlt, lehrt oder lernt, eine Feder oder einen Hammer hält, es kostet ihn das gleiche, die Wahrheit richtig zu erkennen. Die wenigen Einsichten, die die Menschheit im Laufe der Zeit gewinnt, sind zweifellos von großem Nutzen, aber sie vergrößern auch die Zahl und den Umfang der Probleme. Die Schwierigkeit wird nie beseitigt, immer stößt die Intelligenz auf ein Hindernis. Das Unbekannte beherrscht uns und umarmt uns von allen Seiten. Doch so wie man nicht das gesamte Wasser der Quellen ausschöpfen muss, um seinen Durst zu stillen, muss man auch nicht alles wissen, um zu leben. Die Menschheit lebt und lebte schon immer von einigen grundlegenden Vorräten.

Wir werden versuchen, diese aufzuzeigen: Zunächst einmal lebt die Menschheit durch Vertrauen. In diesem Vertrauen spiegelt sie nur das wider, was der dunkle Kern aller Wesen ist, soweit es ihr bewußtes Denken zuläßt. In allem, was existiert, schlummert ein unerschütterlicher Glaube an die Solidität des Universums, an seine intelligente Anordnung. Die Blumen, Bäume und Tiere leben mit einer starken Ruhe und Sicherheit. Es gibt Vertrauen in den Regen, der fällt, in den Morgen, der erwacht, in den Bach, der zum Meer fließt. Alles, was ist, scheint zu sagen: "Ich bin, also muss ich sein; es gibt gute Gründe dafür, seien wir ruhig".

Und so lebt auch die Menschheit von Vertrauen. Weil sie ist, trägt sie den ausreichenden Grund für ihr Sein in sich, ein Unterpfand der Sicherheit. Sie ruht in dem Willen, der wollte, dass sie sei. Dieses Vertrauen zu bewahren und sich durch nichts irritieren zu lassen, sondern es zu kultivieren und es persönlicher und offensichtlicher zu machen, ist das Ziel der ersten Anstrengung unseres Denkens. Alles, was das Vertrauen in uns erhöht, ist gut. Denn daraus entsteht eine ruhige Energie, eine ausgeruhte Handlung, die Liebe zum Leben und zur fruchtbaren Arbeit. Das Grundvertrauen ist die geheimnisvolle Triebfeder, die alles, was an Kräften in uns vorhanden ist, in Bewegung setzt. Es nährt uns. Durch sie lebt der Mensch, viel mehr als durch das Brot, das er isst. Daher ist alles, was dieses Vertrauen erschüttert, schlecht, es ist Gift, nicht Nahrung.

Ungesund ist jedes Denksystem, das die Tatsache des Lebens selbst angreift, um sie für schlecht zu erklären. Zu oft wurde in diesem Jahrhundert schlecht über das Leben gedacht. Es ist kein Wunder, dass der Baum verwelkt, wenn Sie die Wurzeln mit ätzenden Substanzen besprühen. Es gäbe jedoch eine sehr einfache Überlegung, die man dieser ganzen Philosophie der Nichtigkeit entgegensetzen könnte: Sie erklären das Leben für schlecht? Gut. Welches Heilmittel können Sie uns gegen das Leben anbieten? Können Sie es bekämpfen, können Sie es abschaffen? Ich bitte Sie nicht darum, Ihr Leben auszulöschen, Selbstmord zu begehen, denn was würde uns das nützen? Ich bitte Sie darum, das Leben auszulöschen, nicht nur das menschliche Leben, sondern auch seine dunkle und niedere Basis, den ganzen Drang der Existenz, der zum Licht aufsteigt und Ihrer Meinung nach ins Unglück stürzt; ich bitte Sie darum, den Willen zum Leben auszulöschen, der durch die Unendlichkeit zuckt, endlich die Quelle des Lebens auszulöschen. Können Sie das? Nein, können Sie nicht. Dann lassen Sie uns in Frieden. Da niemand das Leben bremsen kann, ist es dann nicht besser zu lernen, es zu schätzen und zu nutzen, als die Menschen davon abzuhalten?-Wenn man weiß, dass eine Speise gesundheitsschädlich ist, isst man sie nicht. Und wenn eine bestimmte Denkweise uns das Vertrauen, die Freude und die Kraft raubt, sollte man sie ablehnen, weil sie nicht nur eine abscheuliche Nahrung für den Geist ist, sondern auch falsch ist. Es gibt nichts Wahres für die Menschen, außer den menschlichen Gedanken und Pessimismus ist unmenschlich. Außerdem fehlt es ihm sowohl an Bescheidenheit als auch an Logik. Um dieses Wunderwerk, das sich Leben nennt, für falsch zu halten, müsste man es bis auf den Grund gesehen haben und es fast selbst gemacht haben. Was für eine seltsame Einstellung haben einige der großen Denker unserer Zeit? In der Tat verhalten sie sich so, als hätten sie die Welt in ihrer Jugend, vor langer Zeit, erschaffen, aber sie haben es gut überstanden und es war definitiv ein Fehler.

Lassen Sie uns andere Speisen essen und unsere Seelen mit tröstenden Gedanken stärken. Das Wahrste für den Menschen ist das, was ihn am besten stärkt.

Wenn die Menschheit von Vertrauen lebt, dann lebt sie auch von Hoffnung. Hoffnung ist die Form des Vertrauens, die auf die Zukunft gerichtet ist. Alles Leben ist ein Ergebnis und ein Streben. Alles, was ist, hat einen Ausgangspunkt und strebt auf einen Endpunkt zu. Leben ist Werden, Werden ist Streben. Das immense Werden ist die unendliche Hoffnung. Es gibt Hoffnung in den Tiefen der Dinge und diese Hoffnung muss sich im Herzen des Menschen widerspiegeln. Ohne Hoffnung gibt es kein Leben. Die gleiche Kraft, die uns sein lässt, treibt uns an, höher zu steigen. Was ist der Sinn dieses hartnäckigen Instinkts, der uns zum Fortschritt drängt? Der wahre Sinn ist, dass das Leben etwas hervorbringen muss, dass es ein Gut entwickelt, das größer ist als es selbst, auf das es sich langsam zubewegt, und dass dieser schmerzhafte Sämann, der sich Mensch nennt, wie jeder Sämann auf den nächsten Tag zählen muss. Die Geschichte der Menschheit ist die Geschichte der unbesiegbaren Hoffnung. Andernfalls wäre alles schon längst vorbei. Um unter ihren Lasten zu gehen, um sich in der Nacht zurechtzufinden, um sich von ihren Stürzen und Ruinen zu erholen, um sich nicht selbst im Tod aufzugeben, musste die Menschheit immer und manchmal gegen jede Hoffnung hoffen. Dies ist das Cordial, das sie unterstützt. Wenn wir nur die Logik hätten, wären wir schon vor langer Zeit zu dem Schluss gekommen, dass der Tod überall das letzte Wort hat und wir wären an diesem Gedanken gestorben. Aber wir haben die Hoffnung und deshalb leben wir und glauben an das Leben.

Suso, der große mystische Mönch, einer der einfachsten und besten Menschen, die je gelebt haben, hatte eine rührende Gewohnheit: jedes Mal, wenn er einer Frau begegnete, der ärmsten und ältesten, ging er respektvoll aus dem Weg, auch wenn er dabei in Dornen oder eine schlammige Spurrille trat. Er sagte: "Ich tue dies, um unserer heiligen Frau, der Jungfrau Maria, zu huldigen". Erweisen wir der Hoffnung eine ähnliche Ehre: Wenn wir sie in Form eines Weizenhalms, der die Furche durchbricht, eines Vogels, der brütet und seine Brut füttert, eines armen, verletzten Tieres, das sich aufrappelt, wieder aufsteht und weitergeht, eines Bauern, der ein von einer Überschwemmung oder einem Hagelschlag verwüstetes Feld pflügt und besät, einer Nation, die langsam ihre Verluste ausgleicht und ihre Wunden heilt, in jedem demütigen und leidenden Äußeren treffen, dann begrüßen wir sie! Wenn wir ihr in den Legenden, in den naiven Liedern, im einfachen Glauben begegnen, dann grüßen wir sie wieder, denn sie ist immer dieselbe, die Unzerstörbare, die unsterbliche Tochter Gottes.

Wir wagen zu wenig zu hoffen. Der Mensch dieser Zeit hat sich eine seltsame Scheu zugelegt. Die Angst, dass der Himmel einstürzen könnte, der Gipfel der Absurdität in der Angst, wie unsere gallischen Vorfahren meinten, ist in unsere Herzen eingedrungen. Zweifelt der Wassertropfen am Ozean? Zweifelt der Strahl an der Sonne? Unsere Altersweisheit hat dieses Wunder vollbracht. Sie ähnelt den alten, mürrischen Pädagogen, deren Hauptaufgabe darin besteht, die fröhlichen Verspieltheiten oder den jugendlichen Enthusiasmus ihrer jungen Schüler zu tadeln. Es ist an der Zeit, wieder Kind zu sein, zu lernen, die Hände zu falten und die Augen vor dem Geheimnis, das uns umgibt, zu öffnen, uns daran zu erinnern, dass wir trotz unseres Wissens nur wenig wissen, dass die Welt größer als unser Gehirn ist und das ist gut so, denn wenn sie so wunderbar ist, muss sie unbekannte Ressourcen haben und wir können ihr einen gewissen Kredit geben, ohne als kurzsichtig abgestempelt zu werden. Behandeln wir ihn nicht wie Gläubiger einen zahlungsunfähigen Schuldner. Erwecken Sie seinen Mut und entzünden Sie die heilige Flamme der Hoffnung wieder. Da die Sonne wieder aufgeht, da die Erde wieder blüht, da der Vogel sein Nest baut, da die Mutter ihr Kind anlächelt, sollten wir den Mut haben, Menschen zu sein und den Rest dem überlassen, der die Sterne gezählt hat. Ich wünschte, ich könnte feurige Worte finden, um jedem, dessen Herz in dieser desillusionierten Zeit niedergeschlagen ist, zu sagen: Erhebe deinen Mut und hoffe weiter, denn wer die Kühnheit hat, am meisten zu hoffen, irrt sich am wenigsten. Die naivste Hoffnung ist der Wahrheit näher als die vernünftigste Verzweiflung.

Eine weitere Quelle des Lichts auf dem Weg der Menschheit ist die Güte. Ich gehöre nicht zu denen, die an die natürliche Perfektion des Menschen glauben und lehren, dass die Gesellschaft ihn verdirbt. Von allen Formen des Bösen ist die erblich bedingte Form diejenige, die mir am meisten Angst macht. Aber ich habe mich manchmal gefragt, wie es kommt, dass der alte vergiftete Virus der niederen Instinkte, der in das Blut geimpften Laster, die ganze Ansammlung der Knechtschaft, die uns die Vergangenheit hinterlassen hat, uns nicht besiegt hat. Zweifellos gibt es etwas anderes. Dieses andere ist die Güte.

Angesichts des Unbekannten, das über unseren Köpfen schwebt, unserer beschränkten Vernunft, dem beängstigenden und widersprüchlichen Rätsel der Schicksale, der Lüge, des Hasses, der Korruption, des Leidens, des Todes, was soll man denken? was soll man tun? Auf all diese Fragen antwortete eine große und geheimnisvolle Stimme: Sei gut. Die Güte muss göttlich sein, wie das Vertrauen, wie die Hoffnung, da sie nicht sterben kann, obwohl so viele Mächte ihr entgegenstehen. Sie hat die angeborene Wildheit dessen, was man das Tier im Menschen nennen könnte, gegen sich; sie hat die List, die Stärke, den Eigennutz und vor allem die Undankbarkeit gegen sich. Warum geht sie weiß und unberührt durch diese dunklen Feinde, wie der Prophet in der heiligen Legende durch die brüllenden Raubtiere?

Der Grund dafür ist, dass die Feinde von unten kommen und die Güte von oben. Hörner, Zähne, Klauen und Augen voller tödlichem Feuer können nichts gegen den schnellen Flügel ausrichten, der sich in die Höhe schwingt und ihnen entwischt. So entzieht sich die Güte den Unternehmungen ihrer Feinde. Sie tut noch mehr, sie hat manchmal den schönen Triumph erlebt, ihre Verfolger zu gewinnen: sie hat gesehen, wie die wilden Tiere sich beruhigten, sich zu ihren Füßen legten und ihrem Gesetz gehorchten.

Im Herzen des christlichen Glaubens ist die erhabenste und, für den, der ihren tiefen Sinn versteht, die menschlichste Doktrin diese: Um die verlorene Menschheit zu retten, kam der unsichtbare Gott, um in der Gestalt eines Menschen unter uns zu wohnen und er wollte sich nur durch dieses eine Zeichen zu erkennen geben: Güte.

Wiedergutmachend, tröstend, sanft zu den Unglücklichen, sogar zu den Bösen, setzt die Güte das Licht unter ihren Füßen frei. Sie klärt und vereinfacht. Sie hat den bescheidensten Teil gewählt: Wunden verbinden, Tränen löschen, Elend lindern, schmerzende Herzen wiegen, verzeihen, versöhnen. Aber sie ist es, die wir am meisten brauchen. Da wir also darüber nachdenken, wie wir das Denken am besten fruchtbar und einfach machen können, so dass es wirklich unserem menschlichen Schicksal entspricht, fassen wir die Methode in diesen Worten zusammen: Vertrauen Sie, hoffen Sie und seien Sie gut.

Ich möchte niemanden von hohen Spekulationen entmutigen oder davon abhalten, sich mit den Problemen des Unbekannten, den weiten Abgründen der Philosophie oder der Wissenschaft zu befassen. Aber wir müssen von diesen weiten Reisen immer zu dem Punkt zurückkehren, an dem wir uns befinden, und oft sogar zu dem Ort, an dem wir ohne sichtbares Ergebnis herumtrampeln. Es gibt Lebensbedingungen und soziale Komplikationen, in denen der Gelehrte, der Denker und der Unwissende nicht klarer sehen als der andere. Die heutige Zeit hat uns oft mit solchen Situationen konfrontiert und ich garantiere jedem, der unserer Methode folgen möchte, dass er bald erkennen wird, dass sie gut ist.

Da ich mich bei all dem auf religiösem Gebiet bewegt habe, zumindest was das Allgemeine betrifft, könnte man mich bitten, in einfachen Worten zu sagen, welche Religion die beste ist und ich bin bereit, dies zu erläutern. Aber vielleicht sollte man die Frage nicht so stellen, wie man es gewöhnlich tut, indem man fragt, was die beste Religion ist? Religionen haben zweifellos bestimmte Charaktereigenschaften und Qualitäten oder Fehler, die jeder Religion eigen sind. Man kann sie also durchaus miteinander vergleichen, aber dieser Vergleich ist immer mit unbeabsichtigter Voreingenommenheit oder Parteilichkeit verbunden. Es ist besser, die Frage anders zu stellen und zu fragen: Ist meine Religion gut und woran kann ich erkennen, dass sie gut ist? Hier ist die Antwort auf diese Frage: Ihre Religion ist gut, wenn sie lebendig und aktiv ist; wenn sie in Ihnen das Gefühl des unendlichen Wertes der Existenz, Vertrauen, Hoffnung und Güte nährt; wenn sie der Verbündete des besseren Teils von Ihnen gegen den schlechteren ist und Ihnen immer wieder die Notwendigkeit vor Augen führt, ein neuer Mensch zu werden; wenn sie Sie verstehen läßt, dass Schmerz befreiend ist; wenn sie in Ihnen den Respekt vor dem Gewissen anderer erhöht; wenn sie es Ihnen leichter macht zu vergeben, das Glück weniger hochmütig, die Pflicht teurer und das Jenseits weniger dunkel macht. Wenn ja, dann ist Ihre Religion gut, egal wie sie heißt. Wie rudimentär sie auch sein mag, wenn sie diesen Zweck erfüllt, stammt sie aus einer authentischen Quelle und bindet Sie an die Menschen und an Gott.

Aber wenn Sie zufällig glauben, dass Sie besser sind als andere, wenn Sie sich über Texte streiten, wenn Sie Ihr Gesicht verziehen, wenn Sie über das Gewissen anderer herrschen oder Ihr eigenes versklaven, wenn Sie Ihre Skrupel betäuben, wenn Sie aus Mode und Interesse Gottesdienst feiern oder wenn Sie aus jenseitiger Berechnung Gutes tun, dann ist Ihre Religion nichts wert, sie trennt Sie von den Menschen und von Gott, egal ob Sie sich auf Buddha, Moses, Mohammed oder Christus berufen.

Vielleicht habe ich nicht genug Macht, um so zu sprechen, aber andere haben es vor mir getan, die größer sind als ich, insbesondere derjenige, der dem fragenden

Schreiber das Gleichnis vom barmherzigen Samariter erzählte. Ich beruft mich auf seine Autorität.

IV. Die einfache Rede

Das Wort ist das große Offenbarungsorgan des Geistes, die erste sichtbare Form, die er sich selbst gibt. Wie der Gedanke, so das Wort. Um sein Leben im Sinne der Einfachheit zu reformieren, muss man auf sein Wort und seine Feder achten. Das Wort soll einfach wie der Gedanke sein, aufrichtig und sicher: Denke richtig, sprich offen!

Soziale Beziehungen basieren auf gegenseitigem Vertrauen und dieses Vertrauen wird durch die Aufrichtigkeit eines jeden genährt. Sobald die Aufrichtigkeit abnimmt, schwindet das Vertrauen, die Beziehung leidet und Unsicherheit entsteht. Dies gilt sowohl für die materiellen als auch für die geistigen Interessen. Mit Menschen, denen man ständig misstrauen muss, ist es genauso schwierig, Handel und Industrie zu betreiben, wie nach wissenschaftlicher Wahrheit zu suchen, religiöses Einvernehmen anzustreben oder Gerechtigkeit zu erreichen. Wenn man zuerst die Worte und Absichten jedes Einzelnen überprüfen muss und davon ausgeht, dass alles, was gesagt und geschrieben wird, darauf abzielt, Ihnen anstelle der Wahrheit eine Illusion zu servieren, wird das Leben auf seltsame Weise kompliziert. Das ist der Fall für uns. Es gibt zu viele Schlaumeier, Diplomaten, die sich gegenseitig betrügen und deshalb ist es für jeden so schwierig, sich über die einfachsten Dinge zu informieren, die für ihn am wichtigsten sind. Wahrscheinlich würde das, was ich gerade gesagt habe, ausreichen, um meine Gedanken zu beschreiben und die Erfahrung jedes Einzelnen könnte hier einen umfangreichen Kommentar mit Illustrationen liefern. Dennoch möchte ich diesen Punkt betonen und mich mit Beispielen umgeben.

In der Vergangenheit hatten die Menschen nur sehr begrenzte Möglichkeiten, miteinander zu kommunizieren. Es war legitim anzunehmen, dass die Verbesserung und Vervielfältigung der Informationsmittel das Licht vergrößern würde. Die Völker würden sich lieben lernen, wenn sie einander besser kennenlernten, die Bürger eines Landes würden sich durch eine engere Brüderlichkeit verbunden fühlen, da sie über alles, was das gemeinsame Leben betrifft, besser informiert wären. Als der Buchdruck erfunden wurde, rief man aus: fiat lux! und mit noch größerem Recht, als sich der Gebrauch des Lesens und die Vorliebe für Zeitungen verbreiteten. Warum hätte man nicht so argumentieren sollen: zwei Lichter leuchten besser als eins und viele besser als zwei; je mehr Zeitungen und Bücher es gibt, desto besser wird man wissen, was geschieht und diejenigen, die nach uns Geschichte schreiben wollen, werden sich glücklich schätzen, denn sie werden die Hände voller Dokumente haben. Nichts schien offensichtlicher zu sein. Leider stützte sich diese Argumentation auf die Qualität und die Stärke der Werkzeuge, aber man rechnete ohne das menschliche Element, das überall der wichtigste Faktor ist. Nun ist es aber so, dass die Sophisten, die Hinterhältigen, die Verleumder, die alle eine scharfe Zunge haben und besser als jeder andere mit dem Wort und der Feder umgehen können, alle Mittel zur Vermehrung und Verbreitung von Gedanken ausgiebig genutzt haben. Was ist das Ergebnis? Unsere Zeitgenossen haben alle Mühe, die Wahrheit über ihre eigene Zeit und ihre eigenen Angelegenheiten zu erfahren. Wie viele Zeitungen, die gute internationale Beziehungen pflegen, indem sie versuchen, ihre Nachbarn fair zu informieren und sie ohne Hintergedanken zu studieren, säen Misstrauen und Verleumdung? Wie viele falsche und ungesunde Strömungen werden in der öffentlichen Meinung durch falsche Gerüchte, böswillige Interpretationen von Tatsachen oder Worten erzeugt? Über unsere internen Angelegenheiten sind wir nicht viel besser informiert als über das Ausland. Weder über die Interessen des Handels, der Industrie oder der Landwirtschaft, noch über politische Parteien oder soziale Tendenzen, noch über das Personal, das in öffentliche Angelegenheiten verwickelt ist, ist es leicht, eine uneigennützige Auskunft zu erhalten: je mehr Zeitungen man liest, desto weniger Klarheit hat man. Es gibt Tage, an denen der Leser, nachdem er sie gelesen hat und angenommen, er glaubt ihnen aufs Wort, gezwungen ist, die folgende Schlussfolgerung zu ziehen: Es gibt überall nur noch Verrückte und es gibt nur noch ein paar integre Chronisten. Aber auch dieser letzte Teil der Schlussfolgerung würde fallen. Die Kolumnisten fressen sich gegenseitig auf. Der Leser hätte dann ein ähnliches Schauspiel vor sich wie in der Karikatur mit dem Titel "Der Kampf der Schlangen". Nachdem die beiden Reptilien alles um sich herum verschlungen haben, greifen sie sich gegenseitig an und verschlingen sich gegenseitig, bis schließlich zwei Schwänze auf dem Schlachtfeld übrig bleiben.

Und es ist nicht nur der einfache Mann, der in Verlegenheit gerät, es sind die gebildeten Menschen, es ist fast jeder. In der Politik, im Finanzwesen, im Geschäftsleben, sogar in der Wissenschaft, in der Kunst, in der Literatur und in der Religion gibt es überall Hintergründe, Tricks und Fäden. Es gibt eine Wahrheit für den Export und eine andere für die Eingeweihten. Daraus folgt, dass alle getäuscht werden, denn man kann aus einer Küche kommen, aber nie aus allen, und selbst diejenigen, die andere am geschicktesten täuschen, werden selbst getäuscht, wenn sie sich auf die Aufrichtigkeit anderer verlassen müssen.

Das Ergebnis dieser Art von Praktiken ist die Erniedrigung des menschlichen Wortes. Es wird zuerst in den Augen derer erniedrigt, die es wie ein schlechtes Instrument handhaben. Es gibt kein respektiertes Wort mehr für Diskutanten, Ergoteuren, Sophisten, all jene, die nur von der Wut getrieben werden, Recht zu haben, oder von der Behauptung, dass ihre Interessen allein respektabel sind. Ihre Strafe besteht darin, dass sie gezwungen sind, andere nach der Regel zu beurteilen, die sie selbst befolgen: zu sagen, was nützt und nicht, was wahr ist. Sie können niemanden mehr ernst nehmen. Ein trauriger Zustand für Menschen, die schreiben, sprechen und lehren. Wie sehr muss man seine Zuhörer und Leser verachten, um in einer solchen Stimmung auf sie zuzugehen. Für diejenigen, die sich einen Grundstock an Ehrlichkeit bewahrt haben, gibt es nichts Empörenderes als die distanzierte Ironie eines Schreib- oder Sprechakrobaten, der versucht, ein paar gute und vertrauenswürdige Menschen zum Glauben zu bringen. Auf der einen Seite die Hingabe, die Aufrichtigkeit, der Wunsch nach Aufklärung, auf der anderen Seite die Schlauheit, die sich über das Publikum lustig macht. Aber er weiß nicht, der Lügner, wie sehr er sich selbst betrügt. Das Kapital, von dem er lebt, ist das Vertrauen, und nichts kommt dem Vertrauen des Volkes gleich, außer seinem Misstrauen, sobald es sich betrogen fühlt. Es mag eine Zeit lang den Ausbeutern der Einfachheit folgen. Doch dann verwandelt sich seine freundliche Stimmung in Abneigung, die Türen, die einst weit offen standen, zeigen ihre hölzernen Gesichter und die Ohren, die einst aufmerksam waren, haben sich geschlossen. Leider verschließen sie sich nicht nur für das Böse, sondern auch für das Gute. Und das ist das Verbrechen derer, die das Wort verdrehen und entwürdigen. Sie erschüttern das allgemeine Vertrauen. Die Entwertung des Geldes, der Rückgang der Rente, der Ruin des Kredits wird als Unglück betrachtet, aber ein Unglück ist größer als dieses, nämlich der Verlust des Vertrauens, des moralischen Kredits, den ehrliche Menschen einander gewähren und der bewirkt, dass das Wort wie eine echte Währung zirkuliert. Nieder mit den Fälschern, den Spekulanten, den korrupten Finanzleuten, denn sie machen sogar das loyale Geld verdächtig. Nieder mit den Falschmünzern der Feder und des Wortes, denn sie sorgen dafür, dass man nichts und niemandem mehr trauen kann und dass der Wert dessen, was gesagt oder geschrieben wird, dem Wert der Banknoten der Heiligen Farce gleicht.

Dies zeigt, wie dringend es ist, dass jeder sich selbst überwacht, seine Zunge hütet, seine Feder züchtigt und nach Einfachheit strebt. Keine verdrehten Bedeutungen, nicht so viele Umschreibungen, nicht so viel Zögern und Zaudern! Das bringt nur Verwirrung. Seien Sie Männer, haben Sie ein Wort. Eine Stunde Aufrichtigkeit bewirkt mehr für das Heil der Welt als Jahre der Verschlagenheit.

Nun ein Wort zu einer nationalen Eigenart, das sich an diejenigen richtet, die den Aberglauben an das Wort und die Demonstrationen des Stils haben. Zweifellos sollte man Personen, die eine elegante Sprache oder ein feines Lesen schätzen, nicht böse sein. Ich bin der Meinung, dass man nie zu gut sagen kann, was man zu sagen hat. Daraus folgt jedoch nicht, dass die Dinge, die am besten gesagt und geschrieben werden, auch die sind, die am besten vorbereitet sind. Das Wort muss der Tat dienen und darf nicht an ihre Stelle treten und sie vor lauter Verzierung vergessen lassen. Die größten Dinge gewinnen am meisten, wenn sie einfach gesagt werden, denn dann zeigen sie sich so, wie sie sind: Sie werfen nicht den durchsichtigen Schleier einer schönen Rede auf sie oder den für die Wahrheit so verhängnisvollen Schatten, den man die Eitelkeit eines Schriftstellers und eines Redners nennt. Nichts ist so stark und überzeugend wie die Einfachheit. Es gibt heilige Emotionen, grausame Schmerzen, große Hingabe, leidenschaftliche Begeisterung, die ein Blick, eine Geste, ein Schrei besser wiedergeben als die schönsten Perioden. Das Wertvollste, was die Menschheit in ihrem Herzen besitzt, wird am einfachsten zum Ausdruck gebracht. Um zu überzeugen, muss man wahr sein und manche Wahrheiten werden besser verstanden, wenn sie aus einfachen, sogar verkrüppelten Lippen kommen, als wenn sie aus übermäßig geübten Mündern fallen oder mit der Kraft der Lungen verkündet werden. Diese Regeln sind für jeden im täglichen Leben gut. Niemand kann sich vorstellen, wie sehr er von der ständigen Einhaltung dieses Prinzips für sein moralisches Leben profitieren würde: wahrhaftig, nüchtern, einfach im Ausdruck seiner Gefühle und Überzeugungen zu sein, sowohl privat als auch öffentlich, niemals das Maß zu überschreiten, treu das wiederzugeben, was in uns ist, und vor allem, sich zu erinnern. Das ist die Hauptsache.

Denn die Gefahr bei schönen Worten ist, dass sie ein Eigenleben führen. Sie sind vornehme Diener, die ihre Titel behalten haben und ihre Aufgaben nicht mehr erfüllen, wie die königlichen Höfe uns ein Beispiel dafür geben. Sie haben gut gesagt, Sie haben gut geschrieben: Das ist gut, das ist genug.

Wie viele Menschen haben sich damit begnügt, nur zu reden und dachten, dass dies sie von der Pflicht zum Handeln befreit? Und diejenigen, die ihnen zuhören, geben sich damit zufrieden, dass sie gehört haben, was sie sagen. So kommt es, dass ein Leben nur aus ein paar guten Reden, ein paar schönen Büchern und ein paar schönen Theaterstücken bestehen kann. Was das Praktizieren dessen, was so meisterhaft dargelegt wird, betrifft, so denkt man kaum daran. Und wenn wir von der Domäne der Begabten zu den niedrigen Regionen gehen, die von den Mittelmäßigen bewirtschaftet werden, dann werden wir in dem dunklen Durcheinander all jene sehen, die glauben, dass wir auf der Erde sind, um zu reden und reden zu hören, die riesige und verzweifelte Schar der Schwätzer, all derer, die brüllen, schwatzen oder pöbeln und dann immer noch finden, dass wir nicht genug reden. Sie alle vergessen, dass diejenigen, die am wenigsten Lärm machen, am meisten Arbeit leisten. Eine Maschine, die ihren gesamten Dampf für das Pfeifen verbraucht, hat keinen Dampf mehr, um die Räder anzutreiben. Kultivieren Sie also die Stille. Alles, was Sie an Lärm einsparen, werden Sie an Kraft gewinnen.

Diese Überlegungen führen uns zu einem verwandten Thema, das ebenfalls Aufmerksamkeit verdient, nämlich das, was man als Übertreibung der Sprache bezeichnen könnte. Wenn man die Bevölkerung eines Landes untersucht, stellt man Unterschiede im Temperament fest, die sich auch in der Sprache widerspiegeln. Hier ist die Bevölkerung eher phlegmatisch und ruhig: sie verwendet Diminutive und abgeschwächte Ausdrücke. Anderswo sind die Temperamente gut ausgeglichen: man hört das richtige Wort, das genau auf die Sache abgestimmt ist. Aber weiter weg, vielleicht durch die Wirkung des Bodens, der Luft und des Weins, fließt heißes Blut durch die Adern: der Kopf ist nahe an der Mütze und der Ausdruck ist übertrieben; Superlative durchziehen die Sprache und um die einfachsten Dinge auszudrücken, wird der Begriff "stark" verwendet.

Wenn die Sprache in den verschiedenen Klimazonen unterschiedlich ist, so ist sie auch in den verschiedenen Epochen unterschiedlich. Vergleichen Sie die geschriebene oder gesprochene Sprache dieser Zeit mit der in anderen Perioden unserer Geschichte. Unter dem alten Regime wurde anders gesprochen als während der

Revolution und wir haben nicht dieselbe Sprache wie die Menschen von 1830, 1848 oder des zweiten Kaiserreichs. Im Allgemeinen ist die Sprache heute einfacher, wir tragen keine Perücken mehr, wir schreiben nicht mehr mit Spitzenmanschetten, aber ein Zeichen unterscheidet uns von fast allen unseren Vorfahren, unsere Nervosität, die die Quelle unserer Übertreibungen ist.

Auf erregte, etwas kranke Nervensysteme - und Nerven zu haben ist weiß Gott kein aristokratisches Privileg mehr - machen Worte nicht den gleichen Eindruck wie auf einen normalen Menschen. Und umgekehrt reicht bei einem nervösen Menschen ein einfaches Wort nicht aus, wenn er versucht, seine Gefühle auszudrücken. Im normalen Leben, im öffentlichen Leben, in der Literatur und im Theater ist die ruhige und nüchterne Sprache einer exzessiven Sprache gewichen. Die Mittel, die Romanautoren und Schauspieler einsetzten, um den öffentlichen Geist zu galvanisieren und seine Aufmerksamkeit zu erzwingen, finden sich in rudimentärem Zustand in unseren gewöhnlichsten Unterhaltungen, im Briefstil und vor allem in der Polemik wieder. Unsere Sprachmuster sind für den ruhigen und gelassenen Menschen das, was unsere Handschrift im Vergleich zu der unserer Väter ist. Man beschuldigt die eisernen Federn; wenn das wahr wäre!

-Dann würden uns die Gänse retten. Aber das Übel liegt tiefer, es liegt in uns selbst. Wir haben die Schriften von Unruhigen und Gestörten; die Feder unserer Vorväter lief sicherer und ausgeruhter über das Papier. Hier haben wir es mit einem der Ergebnisse des modernen Lebens zu tun, das so kompliziert ist und einen so schrecklichen Energieverbrauch verursacht. Es lässt uns ungeduldig, atemlos und in ständiger Hektik sein. Unser Schreiben und unsere Sprache werden davon beeinflusst und verraten uns. Lassen Sie uns von der Wirkung zurück zur Quelle gehen und die Warnung verstehen, die uns gegeben wird. Was kann aus der Gewohnheit, die Sprache zu übertreiben, Gutes entstehen? Als untreue Interpreten unserer eigenen Eindrücke können wir durch unsere Übertreibungen nur den Geist unserer Mitmenschen und unseren eigenen verfälschen. Menschen, die übertreiben, hören auf, einander zu verstehen. Charakterliche Irritationen, heftige und unfruchtbare Diskussionen, übereilte Urteile ohne jedes Maß, die schlimmsten Exzesse in der Erziehung und in den sozialen Beziehungen, das ist das Ergebnis von sprachlicher Unmäßigkeit.

Und es sei mir erlaubt, in diesem Aufruf zur einfachen Sprache einen Wunsch zu formulieren, dessen Erfüllung die glücklichsten Folgen haben würde. Ich bitte um eine einfache Literatur, nicht nur als eines der besten Heilmittel für unsere abgestumpften, überarbeiteten und von Exzentrizitäten ermüdeten Seelen, sondern auch als Unterpfand und Quelle der sozialen Vereinigung. Ich fordere auch eine einfache Kunst. Unsere Künste und unsere Literatur sind den Privilegierten des Reichtums und der Bildung vorbehalten. Aber damit Sie mich richtig verstehen: Ich fordere die Dichter, Romanautoren und Maler nicht auf, von den Höhen herabzusteigen, um auf halber Höhe zu gehen und sich in der Mittelmäßigkeit zu suhlen, sondern im Gegenteil, um höher zu steigen. Populär ist nicht das, was für eine bestimmte Klasse der Gesellschaft, die sogenannte Volksklasse, geeignet ist; populär ist das, was allen gemeinsam ist und was sie vereint. Die Quellen der Inspiration, aus denen eine einfache Kunst entstehen kann, liegen in den Tiefen des menschlichen Herzens, in den ewigen Realitäten des Lebens, vor denen alle gleich sind. Und die Quellen der Volkssprache sind in den wenigen einfachen und starken Formen zu suchen, die die elementaren Gefühle und die Hauptlinien des menschlichen Schicksals ausdrücken. Darin liegt die Wahrheit, die Kraft, die Größe und die Unsterblichkeit. Würde ein solches Ideal nicht die jungen Leute entflammen, die, wenn sie die heilige Flamme des Schönen in sich brennen fühlen, Mitleid empfinden und dem verächtlichen Spruch "Odi profanum vulgus" das menschlichere Wort "Misereor super turbam" vorziehen? Ich selbst habe keine künstlerische Autorität, aber aus der Menge heraus, in der ich lebe, habe ich das Recht, meinen Ruf an die zu richten, die Talent erhalten haben und ihnen zu sagen: "Arbeiten Sie für die, die vergessen werden. Machen Sie sich verständlich für die Niedrigen. Auf diese Weise werden Sie ein Werk der Befreiung und Befriedung tun; auf diese Weise werden Sie die Quellen wieder öffnen, aus denen einst jene Meister schöpften, deren Schöpfungen den Zeiten trotzten, weil sie es verstanden, dem Genie Einfachheit als Gewand zu geben.

V. Die einfache Pflicht.

Wenn man mit Kindern über ein Thema spricht, das sie stört, zeigen sie einem eine Taube auf den Dächern, die ihr Junges füttert, oder einen Kutscher auf der Straße, der sein Pferd misshandelt. Manchmal stellen sie Ihnen auch schelmisch eine der großen Fragen, die den Geist der Eltern auf die Folter spannen und all dies, um die Aufmerksamkeit von dem schmerzhaften Thema abzulenken. Ich befürchte, dass wir angesichts der Pflicht wie kleine Kinder sind und dass wir, wenn es um die Pflicht geht, nach verschiedenen Ausflüchten suchen, um uns abzulenken.

Die erste Ausflucht besteht darin, sich zu fragen, ob es überhaupt eine Pflicht gibt oder ob dieses Wort nicht eine der vielen Illusionen unserer Vorfahren abdeckt. Denn schließlich setzt die Pflicht Freiheit voraus und die Frage nach der Freiheit führt uns in metaphysische Regionen. Wie kann man von Pflicht sprechen, solange das ernste Problem des freien Willens nicht gelöst ist?-Theoretisch gibt es nichts zu widersprechen. Und wenn das Leben eine Theorie wäre, wenn wir hier wären, um ein vollständiges System des Universums zu entwickeln, wäre es absurd, sich mit der Pflicht zu befassen, bevor wir die Freiheit bewiesen, ihre Bedingungen und Grenzen festgelegt hätten.

Aber das Leben ist keine Theorie. In diesem Punkt der praktischen Moral, wie auch in allen anderen, hat es die Theorie überholt und es gibt keinen Grund zu glauben, dass es ihr jemals den Rang ablaufen wird. Diese Freiheit, die zugegebenermaßen relativ ist, wie alles andere, was wir kennen, und diese Pflicht, von der wir uns gefragt haben, ob sie überhaupt existiert, sind dennoch die Grundlage für alle Urteile, die wir über uns selbst und unsere Mitmenschen fällen. Wir behandeln uns gegenseitig als verantwortlich, bis zu einem gewissen Grad, für unsere Handlungen und Taten.

Der wütendste Theoretiker hat, sobald er aus seiner Theorie ausbricht, keine Skrupel, die Handlungen anderer zu billigen oder zu missbilligen, seine Feinde zu instrumentalisieren, an die Großzügigkeit und Gerechtigkeit derjenigen zu appellieren, die er von einem unwürdigen Schritt abhalten möchte. Der Begriff der moralischen Verpflichtung kann ebenso wenig abgeschüttelt werden wie der Begriff der Zeit oder des Raumes, und so wie wir uns mit dem Gehen abfinden müssen, bevor wir den Raum, den wir überqueren, und die Zeit, die unsere Bewegungen misst, definieren können, so müssen wir uns auch der moralischen Verpflichtung unterwerfen, bevor wir ihre tiefen Wurzeln mit unseren Fingern berührt haben. Das moralische Gesetz beherrscht den Menschen, ob er es nun einhält oder bricht. Sehen Sie sich das tägliche Leben an: Jeder ist bereit, denjenigen, der eine offensichtliche Pflicht nicht erfüllt, mit einem Stein zu bewerfen, selbst wenn er behaupten sollte, dass er noch nicht zur philosophischen Gewissheit gelangt ist. Jeder wird ihm sagen und tausendmal Recht haben, wenn er ihm sagt: "Herr, man ist in erster Linie ein

Mensch; zahlen Sie zuerst mit Ihrer Person, erfüllen Sie Ihre Pflicht als Bürger, Vater, Sohn usw., dann können Sie Ihre Meditationen fortsetzen.

Bitte verstehen Sie uns richtig. Wir wollen niemanden von der philosophischen Untersuchung, von der gewissenhaften Suche nach den Grundlagen der Moral abhalten. Kein Gedanke, der den Menschen zu diesen ernsten Sorgen zurückführt, kann nutzlos oder gleichgültig sein; wir fordern nur den Denker heraus, zu warten, bis er diese Grundlagen gefunden hat, um dann Menschlichkeit, Ehrlichkeit oder Unehrlichkeit, Mut oder Feigheit zu zeigen. Und vor allem möchten wir eine Antwort formulieren, die gut ist, um sie all den Klugscheißern entgegenzuhalten, die nie Philosophen waren, und um sie uns selbst entgegenzuhalten, wenn wir uns auf unseren Zustand des philosophischen Zweifels berufen wollen, um unsere praktischen Versäumnisse zu rechtfertigen. Da man ein Mensch ist, ist es vor jeder positiven oder negativen Theorie über die Pflicht eine feste Regel, sich wie ein Mensch zu verhalten. Es gibt keinen Ausweg aus dieser Situation.

Aber man würde die Ressourcen des menschlichen Herzens falsch einschätzen, wenn man sich auf die Wirkung einer solchen Antwort verlassen würde. Auch wenn sie unwidersprochen bleibt, kann sie nicht verhindern, dass weitere Fragen auftauchen. Die Summe unserer Ausreden, um uns der Pflicht zu entziehen, ist gleich der Summe des Sandes am Meer oder der Sterne am Himmel.

Wir verschanzen uns also hinter der dunklen Pflicht, der schwierigen Pflicht, der widersprüchlichen Pflicht. Sicherlich sind dies Worte, die schmerzhafte Erinnerungen hervorrufen. Ein Mann der Pflicht zu sein und an seinem Weg zu zweifeln, im Dunkeln zu tappen, sich den gegensätzlichen Anforderungen verschiedener Pflichten ausgesetzt zu sehen oder sich einer riesigen, überwältigenden Pflicht gegenüber zu sehen, die unsere Kräfte übersteigt, was könnte härter sein? Und diese Dinge geschehen. Wir wollen nicht leugnen oder bestreiten, dass manche Ereignisse tragisch sind und manche Leben zermürbend. Es ist jedoch selten, dass die Pflicht in einem solchen Konflikt von Umständen zum Vorschein kommt und aus dem Geist wie ein Blitz aus dem Sturm hervorgeht. Solche gewaltigen Erschütterungen sind außergewöhnlich. Es ist gut, wenn wir uns gut benehmen, wenn sie auftreten, aber wenn niemand es erstaunlich findet, dass Eichen von einem Windstoß entwurzelt werden, ein Wanderer nachts auf einem unbekannten Weg stolpert oder ein Soldat besiegt wird, wenn er zwischen die Fronten gerät, dann wird auch niemand diejenigen, die in den fast übermenschlichen moralischen Kämpfen besiegt wurden, ohne Widerspruch verurteilen. Unter der Zahl und den Hindernissen zu unterliegen, ist niemals eine Schande.

Daher werde ich meine Waffen an diejenigen richten, die sich hinter dem uneinnehmbaren Bollwerk der dunklen, komplizierten und widersprüchlichen Pflicht verschanzen. Heute geht es mir nicht darum und ich möchte über die einfache Pflicht sprechen, ich würde fast sagen, über die leichte Pflicht.

Wir haben drei oder vier große Feste pro Jahr und viele normale Tage. Ebenso gibt es einige sehr große und sehr dunkle Kämpfe zu bestreiten. Aber daneben gibt es eine Vielzahl von einfachen, offensichtlichen Pflichten. Während unsere Haltung bei großen Begegnungen in der Regel ausreichend ist, ist es gerade bei kleinen Gelegenheiten, wo wir schwach werden. Ohne Angst vor einer paradoxen Form meines Denkens zu haben, möchte ich daher sagen, dass das Wichtigste die Erfüllung der einfachen Pflicht ist, die Übung in elementarer Gerechtigkeit. Im Allgemeinen verlieren diejenigen, die ihre Seele verlieren, ihre Seele nicht, weil sie unter der schwierigen Pflicht bleiben und das Unmögliche nicht erreichen, sondern weil sie es versäumen, die einfache Pflicht zu erfüllen.

Lassen Sie uns diese Wahrheit anhand von Beispielen veranschaulichen.

Wer versucht, in die unteren Schichten der Gesellschaft einzudringen, wird schnell großes physisches und moralisches Elend entdecken. Je genauer er hinschaut, desto mehr Wunden entdeckt er und schließlich erscheint ihm die Welt der Elenden als eine große, schwarze Schöpfung, vor der der Einzelne mit seinen Hilfsmitteln machtlos zu sein scheint. Es ist wahr, dass er sich gedrängt fühlt, zu helfen, aber gleichzeitig fragt er sich: Wozu? Natürlich ist dies ein sehr beängstigender Fall. Einige lösen ihn, indem sie aus Verzweiflung nichts tun. Sie bleiben also unfruchtbar und es mangelt ihnen nicht an Mitleid oder gar guten Absichten. Sie haben Unrecht. Oft hat ein Mensch nicht die Mittel, das Gute im Großen zu tun, aber das ist kein Grund, es im Kleinen zu vernachlässigen. So viele Menschen verzichten darauf, etwas zu tun, weil sie denken, dass es zu viel zu tun gibt. Sie müssen an die einfache Pflicht erinnert werden. Diese Pflicht ist in diesem Fall die, dass jeder entsprechend seiner Ressourcen, seiner Freizeit und seiner Fähigkeiten Beziehungen in benachteiligten Gebieten aufbaut. Es gibt Menschen, die mit ein wenig gutem Willen in die Umgebung von Ministern oder in die Gesellschaft von Staatsoberhäuptern gelangen können. Warum sollte es nicht möglich sein, Beziehungen zu armen Menschen aufzubauen und Bekannte unter den Arbeitern zu finden, denen es am Nötigsten fehlt? Sobald Sie einige Familien mit ihren Geschichten, Hintergründen und Schwierigkeiten kennengelernt haben, können Sie ihnen von größtem Nutzen sein, indem Sie einfach das tun, was Sie können und Brüderlichkeit in Form von moralischer und materieller Hilfe praktizieren. Sie haben zwar nur eine kleine Ecke angegriffen, aber Sie haben Ihr Möglichstes getan und vielleicht andere dazu gebracht, ebenfalls ihr Möglichstes zu tun. Dadurch haben Sie nicht nur festgestellt, dass es in der Gesellschaft viel Elend, dunklen Haß, Uneinigkeit und Laster gibt, sondern Sie haben auch etwas Gutes in die Gesellschaft eingebracht. Und wenn die Zahl der Menschen mit gutem Willen, die dem Ihren ähneln, wächst, wird das Gute deutlich zunehmen und das Böse abnehmen. Aber selbst wenn Sie allein bleiben würden, um das zu tun, was Sie getan haben, könnte man Ihnen das Zeugnis geben, dass Sie das einzig Vernünftige getan haben, die einfache und kindliche Pflicht, die Ihnen zur Verfügung stand. Indem Sie dies taten, haben Sie eines der Geheimnisse des guten Lebens entdeckt.

Der menschliche Ehrgeiz hat große Träume, aber es ist uns selten vergönnt, etwas Großes zu tun und selbst dann ist der schnelle und sichere Erfolg immer auf eine geduldige Vorbereitung angewiesen. Die Treue in den kleinen Dingen ist die Grundlage für alles Große, was erreicht wird. Wir vergessen dies zu oft. Wenn es jedoch eine Wahrheit gibt, die man kennen sollte, dann ist es diese, vor allem in schwierigen Zeiten und an schwierigen Punkten des Lebens. Bei einem Schiffbruch kann man sich gut auf einem Balken, einem Ruder oder einem Stück Brett retten. Auf den stürmischen Wellen des Lebens, wenn alles in Stücke zerbrochen zu sein scheint, sollten wir uns daran erinnern, dass ein einziger dieser armen Krümel unser Rettungsanker werden kann. Demoralisierung bedeutet, die Reste zu verachten.

Sie sind ruiniert worden, oder ein großer Trauerfall hat Sie getroffen, oder Sie haben gerade gesehen, wie die Früchte Ihrer langen Arbeit vor Ihren Augen verloren gegangen sind. Es ist Ihnen unmöglich, Ihr Vermögen wiederherzustellen, die Toten wieder zum Leben zu erwecken oder Ihre verlorene Mühe zu retten. Und angesichts des Unwiederbringlichen fallen Ihnen die Arme herab. Dann versäumen Sie es, sich um sich selbst zu kümmern, Ihren Haushalt zu führen und Ihre Kinder zu beaufsichtigen. Das ist verzeihlich und wie sehr wir das verstehen! Aber es ist sehr gefährlich! Nachlässigkeit verwandelt das Übel in ein noch größeres Übel. Sie, die Sie glauben, dass Sie nichts mehr zu verlieren haben, werden genau das verlieren, was Sie noch haben. Sammeln Sie die Trümmer Ihres Besitzes und achten Sie auf das Wenige, was Ihnen noch bleibt. Bald wird dieses Wenige Sie trösten. Die Anstrengung kommt uns zu Hilfe, wie die unterlassene Anstrengung sich gegen uns wendet. Wenn Sie nur noch einen Ast haben, an dem Sie sich festhalten können, dann halten Sie sich an diesem Ast fest und wenn Sie allein bleiben, um eine Sache zu verteidigen, die verloren scheint, dann werfen Sie nicht Ihre Waffen weg, um sich den Flüchtenden anzuschließen. Am Tag nach der Flut bevölkerten einige Einzelne die Erde neu. Die Zukunft kann manchmal nur auf einem einzelnen Kopf ruhen und manchmal hängt das Leben an einem Faden. Lassen Sie sich von der Geschichte und der Natur inspirieren: Beide werden Sie in ihrer mühsamen Entwicklung lehren, dass Unglück und Wohlstand aus den kleinsten Ursachen entstehen können, dass es nicht weise ist, das Detail zu vernachlässigen und dass man vor allem warten und neu beginnen muss.

Wenn ich von der einfachen Pflicht spreche, muss ich an das militärische Leben denken und an die Beispiele, die es den Kämpfern in diesem großen Kampf, der das Leben ist, bietet. Derjenige würde seine Pflicht als Soldat missverstehen, der, wenn die Armee einmal geschlagen ist, es unterlassen würde, seine Kleidung zu bürsten, sein Gewehr zu polieren und die Disziplin zu beachten.-Was nützt es? Gibt es nicht viele Arten, geschlagen zu werden? Wäre es gleichgültig, dem Unglück der Niederlage noch Entmutigung, Unordnung und Debakel hinzuzufügen? Nein, wir dürfen nie vergessen, dass der kleinste Akt der Energie in diesen schrecklichen Momenten wie ein Licht in der Nacht ist. Es ist ein Zeichen des Lebens und der Hoffnung. Jeder versteht sofort, dass noch nicht alles verloren ist.

Während des katastrophalen Rückzugs von 1813-1814, mitten im Winter, als es fast unmöglich war, irgendeine Kleidung zu behalten, erschien ich weiß nicht welcher General eines Morgens bei Napoleon I. in voller Montur und frisch rasiert. Als der Kaiser ihn mitten in einem Debakel so gepflegt sah, als ob er zu einer Revue gegangen wäre, sagte er zu ihm: "Mein General, Sie sind ein tapferer Mann!

Die einfache Pflicht ist immer noch die nächste Pflicht. Eine sehr gewöhnliche Schwäche hindert viele Menschen daran, das Nahe interessant zu finden; sie sehen es nur von seinen kleinen Seiten. Das Ferne hingegen zieht sie an und verzaubert sie. So wird eine fabelhafte Menge an gutem Willen nutzlos vergeudet. Sie begeistern sich für die Menschheit, für das öffentliche Wohl, für das ferne Unglück und laufen durch das Leben, die Augen auf wunderbare Objekte gerichtet, die Sie dort draußen am Rande des Horizonts fesseln, während Sie den Passanten auf die Füße treten oder sie küssen, ohne sie zu bemerken.

Ein seltsames Gebrechen, das Sie daran hindert, diejenigen zu sehen, die neben Ihnen stehen. Viele haben viel gelesen und große Reisen unternommen, aber sie kennen ihre Mitbürger nicht, ob groß oder klein, sie leben von der Hilfe einer Vielzahl von Menschen, deren Schicksal ihnen gleichgültig ist. Weder die, die sie informieren, unterrichten und regieren, noch die, die ihnen dienen, sie versorgen und ernähren, haben jemals ihre Aufmerksamkeit erregt. Dass es Undankbarkeit oder Kurzsichtigkeit ist, wenn man seine Arbeiter, seine Hausangestellten, die wenigen Wesen, die mit uns die notwendigen sozialen Beziehungen haben, nicht kennt, ist ihnen nie in den Sinn gekommen. Andere gehen noch viel weiter. Für manche Frauen ist ihr Ehemann ein Unbekannter und umgekehrt. Es gibt Eltern, die ihre Kinder nicht kennen. Ihre Entwicklung, ihre Gedanken, die Gefahren, denen sie ausgesetzt sind, die Hoffnungen, die sie hegen, sind für sie ein Buch mit sieben Siegeln. Viele Kinder kennen ihre Eltern nicht, haben nie etwas von ihren Mühen und Kämpfen geahnt und sind nie in ihre Absichten eingedrungen. Und ich spreche nicht von schlechten Haushalten, von diesen traurigen Milieus, in denen alle Beziehungen verzerrt sind, sondern von ehrlichen Familien, die aus guten Menschen bestehen. Nur sind all diese Leute sehr beschäftigt. Jeder hat seine eigenen Interessen, die seine ganze Zeit in Anspruch nehmen. Die weit entfernte Pflicht, die sehr attraktiv ist, was ich nicht bestreiten möchte, nimmt sie voll in Anspruch und sie sind sich der nahen Pflicht nicht bewusst. Ich befürchte, dass sie ihre Mühe verschwenden. Die Operationsbasis eines jeden ist das Feld seiner unmittelbaren Pflicht. Wenn Sie diese Basis vernachlässigen, wird alles, was Sie in der Ferne unternehmen, gefährdet sein. Seien Sie also zuerst in Ihrem Land, Ihrer Stadt, Ihrem Haus, Ihrer Kirche, Ihrer Werkstatt und wenn es möglich ist, gehen Sie von dort aus weiter, das ist der einfache und natürliche Weg. Der Mensch muss schon sehr viel Geld für schlechte Gründe ausgeben, um den umgekehrten Weg zu gehen. In jedem Fall ist das Ergebnis einer so seltsamen Verwirrung der Pflichten, dass sich viele in eine Vielzahl von Angelegenheiten einmischen, außer in das, was von ihnen verlangt werden kann. Jeder kümmert sich um etwas anderes als um das, was ihn betrifft, ist nicht an seinem Arbeitsplatz und kennt seinen Beruf nicht. Das macht das Leben kompliziert. Dabei wäre es so einfach, wenn sich jeder um seine eigenen Angelegenheiten kümmern würde.

Eine andere Form der einfachen Pflicht. Wenn ein Schaden verursacht wird, wer muss ihn wiedergutmachen - derjenige, der ihn verursacht hat. Das ist richtig, aber es ist nur eine Theorie. Und die Konsequenz dieser Theorie wäre, dass der Schaden so lange bestehen bleiben müsste, bis die Täter gefunden werden und den Schaden beheben. Aber was ist, wenn sie nicht gefunden werden? Oder wenn sie es nicht reparieren können oder wollen?

Es regnet auf Ihren Kopf durch einen zerbrochenen Dachziegel oder der Wind dringt durch eine zerbrochene Scheibe in Ihr Haus ein. Werden Sie mit der Suche nach dem Dachdecker und dem Glaser warten, bis Sie den Dachziegel- oder Kachelbrecher verhaften lassen? Sie würden das für absurd halten, nicht wahr? Es ist jedoch eine ganz gewöhnliche Praxis. Kinder rufen empört aus: "Ich habe den Gegenstand nicht weggeworfen und ich werde ihn auch nicht wieder aufheben". Und die meisten Menschen denken genauso. Es ist logisch. Aber es ist nicht diese Logik, die die Welt am Laufen hält.

Was Sie stattdessen wissen müssen und was Ihnen das Leben jeden Tag aufs Neue zeigt, ist, dass der Schaden, den die einen anrichten, von den anderen wieder gut gemacht wird. Die einen zerstören, die anderen bauen auf; die einen beschmutzen, die anderen reinigen; die einen schüren Streit, die anderen schlichten ihn; die einen lassen Tränen fließen, die anderen trösten; die einen leben für die Ungerechtigkeit, die anderen sterben für die Gerechtigkeit. Und in der Erfüllung dieses schmerzhaften Gesetzes liegt die Erlösung. Auch das ist logisch, aber eine Logik der Tatsachen, die die Logik der Theorien verblassen lässt. Die Schlussfolgerung, die gezogen werden muss, ist nicht zweifelhaft. Ein Mann mit einem einfachen Herzen zieht sie wie folgt: Wenn das Übel da ist, besteht die große Aufgabe darin, es zu reparieren und sich sofort daran zu machen; um so besser, wenn die Herren Übeltäter zur Reparatur beitragen wollen, aber die Erfahrung rät uns davon ab, uns zu sehr auf ihre Hilfe zu verlassen.

Aber wie einfach die Pflicht auch sein mag, man muss auch die Kraft haben, sie zu erfüllen. Worin besteht diese Kraft und wo ist sie zu finden? Wir können nicht müde werden, darüber zu sprechen. Die Pflicht ist für den Menschen ein Feind und ein Ärgernis, solange sie nur als äußere Aufforderung erscheint. Wenn sie zur Tür hereinkommt, geht der Mensch zum Fenster hinaus und wenn sie die Fenster blockiert, flieht er über die Dächer. Je besser man ihn kommen sieht, desto sicherer geht man ihm aus dem Weg. Er ist wie der Gendarm, ein Vertreter der öffentlichen Gewalt und der offiziellen Justiz, dessen geschickter Gauner es immer schafft, seinen Wagen zu parken. Leider kann der Gendarm, wenn er ihn in die Zange nimmt, ihn höchstens auf die Wache bringen, aber nicht auf den rechten Weg. Damit der

Mensch seine Pflicht erfüllen kann, muss er in die Hände einer anderen Kraft gefallen sein als der, die sagt: Tu dies, tu jenes; meide dies, meide jenes, sonst bist du dran!

Diese innere Kraft ist die Liebe. Wenn ein Mensch seinen Beruf hasst oder lässig ausübt, sind alle Mächte der Erde unfähig, ihn dazu zu bringen, ihn mit Freude auszuüben. Aber wer sein Amt liebt, der geht von selbst und es ist nicht nur sinnlos, ihn zu zwingen, sondern es wäre auch unmöglich, ihn davon abzubringen. So ist es für alle. Das Große ist, dass wir das Heilige und unsterblich Schöne unseres dunklen Schicksals erfahren haben, dass wir durch eine Reihe von Erfahrungen dazu bestimmt wurden, dieses Leben wegen seiner Schmerzen und wegen seiner Hoffnung zu lieben, die Menschen wegen ihres Elends und wegen ihres Adels zu lieben und mit Herz, Verstand und Eingeweiden zur Menschheit zu gehören. Dann ergreift uns eine unbekannte Kraft, so wie der Wind die Segel eines Schiffes ergreift, und trägt uns zu Mitleid und Gerechtigkeit. Und diesem unwiderstehlichen Drang nachgebend, sagen wir: Ich kann nicht anders, es ist stärker als ich. Mit diesen Worten weisen die Menschen aller Altersgruppen und Schichten auf eine Macht hin, die höher ist als der Mensch, die aber in den Herzen der Menschen wohnen kann. Und alles, was in uns wirklich hoch ist, erscheint uns als eine Manifestation dieses Geheimnisses, das über uns hinausgeht. Große Gefühle, große Gedanken und große Taten sind eine Sache der Inspiration. Wenn ein Baum grünt und Früchte trägt, dann zieht er die Lebenskraft aus dem Boden und erhält von der Sonne Licht und Wärme. Wenn ein Mensch in seiner bescheidenen Umgebung, inmitten von Unwissenheit und unvermeidlichen Fehlern, sich aufrichtig seiner Aufgabe widmet, dann steht er in Kontakt mit der ewigen Quelle der Güte. Diese zentrale Kraft manifestiert sich in tausend verschiedenen Formen. Manchmal ist sie unbändige Energie, manchmal streichelnde Zärtlichkeit, manchmal der militante Geist, der das Böse angreift und vernichtet, manchmal die mütterliche Fürsorge, die ein zerknittertes und vergessenes Leben vom Wegesrand aufhebt, wo es verloren ging, manchmal die demütige Geduld der langen Suche... Aber alles, was sie berührt, trägt ihre Handschrift und die Menschen, die sie bewegt, spüren, dass wir durch sie sind und leben. Ihr zu dienen ist ihr Glück und ihr Lohn. Sie müssen nur ihre Werkzeuge sein und sie schauen nicht mehr auf den äußeren Glanz ihres Amtes, denn sie wissen, dass nichts groß und nichts klein ist, sondern dass unsere Taten und unser Leben nur durch den Geist, der sie durchdringt, wertvoll sind.

VI. Die einfachen Bedürfnisse.

Wenn wir einen Vogel beim Vogelhändler kaufen, sagt uns der gute Mann kurz, was unser neuer Bewohner braucht und all das, Hygiene, Nahrung und alles andere, ist in wenigen Worten zusammengefasst. Um die wesentlichen Bedürfnisse der meisten Lebewesen zusammenzufassen, genügen einige kurze Hinweise. Ihre Ernährung ist in der Regel sehr einfach und solange sie sich daran halten, geht es ihnen gut, wie gehorsame Kinder von Mutter Natur. Wenn sie davon abweichen, treten Komplikationen auf, die Gesundheit verschlechtert sich und die Fröhlichkeit geht verloren. Nur ein einfaches und natürliches Leben kann einen Organismus in voller Kraft erhalten. Wenn wir uns nicht an dieses elementare Prinzip erinnern, geraten wir in die seltsamsten Verirrungen.

Was braucht ein Mensch, um materiell unter den bestmöglichen Bedingungen zu leben? Eine gesunde Ernährung, einfache Kleidung, eine gesunde Wohnung, Luft und Bewegung. Ich werde nicht auf hygienische Details eingehen, Menüs zusammenstellen oder Wohnmodelle und Kleidungsschnitte angeben. Mein Ziel ist es, eine Richtung aufzuzeigen und zu sagen, welche Vorteile es für jeden Einzelnen hätte, sein Leben im Geiste der Einfachheit zu gestalten.-Um sicherzustellen, dass dieser Geist in unserer Gesellschaft nicht ausreichend vorhanden ist, reicht es aus, Menschen aller Klassen leben zu sehen. Stellen Sie verschiedenen Personen aus unterschiedlichen Gesellschaftsschichten die Frage: Was brauchen Sie zum Leben? Es gibt nichts Lehrreiches daran.

Für die einen, die auf dem Pariser Asphalt leben, gibt es kein Leben außerhalb einer bestimmten Region, die von einigen Boulevards begrenzt wird. Hier ist die Luft zum Atmen, das gute Licht, die normale Temperatur, die klassische Küche und, nach Belieben, viele andere Dinge, ohne die es sich nicht lohnen würde, auf der runden Maschine spazieren zu gehen.

Auf den verschiedenen Stufen des bürgerlichen Lebens wird die Frage, was man zum Leben braucht, mit einer Zahl beantwortet, die je nach Grad des Ehrgeizes oder der Bildung variiert, und unter Bildung versteht man meistens die äußeren Lebensgewohnheiten, die Art und Weise, wie man wohnt, sich kleidet und ernährt, eine Erziehung, die auf der Haut liegt. Ab einer bestimmten Höhe der Rente, des Gewinns oder des Gehalts ist das Leben möglich. Unterhalb dieser Grenze ist es unmöglich. Es wurde beobachtet, dass Menschen Selbstmord begingen, weil ihr Vermögen unter ein bestimmtes Minimum gesunken war. Sie wollten lieber verschwinden, als sich einzuschränken. Beachten Sie, dass dieses Minimum, das der Grund für ihre Verzweiflung war, für andere mit weniger anspruchsvollen Bedürfnissen noch akzeptabel und für Menschen mit bescheidenem Geschmack beneidenswert gewesen wäre.

In den hohen Bergen ändert sich die Flora mit der Höhe. Es gibt das Gebiet der gewöhnlichen Kulturen, das der Wälder, das der Weiden, das der nackten Felsen und Gletscher, ab einer gewissen Höhe gibt es keinen Weizen mehr, aber die Weinrebe gedeiht noch, die Eiche hört in einer ziemlich niedrigen Region auf, die Tanne fühlt sich in beträchtlichen Höhen wohl. Das menschliche Leben mit seinen Bedürfnissen erinnert an diese Phänomene der Vegetation.

Auf einer bestimmten Höhe des Vermögens können wir den Finanzier, den Mann der Clubs, die großen Society-Leute und schließlich all jene erfolgreich sein, für die eine gewisse Anzahl von Dienern und Equipagen sowie mehrere Häuser in der Stadt und auf dem Land zum absoluten Notwendigen gehören. Weiter hinten blüht der Großbürger mit seinen eigenen Sitten und Gebräuchen. In anderen Regionen blühen der breite, mittlere oder bescheidene Wohlstand und sehr ungleiche Kategorien von Ansprüchen. Dann kommen die kleinen Leute, die Handwerker, die Arbeiter, die Bauern, die Masse schließlich, die dicht gedrängt wie feines Gras auf den Berggipfeln lebt, wo die großen Pflanzen nicht mehr genug Nahrung finden. In all diesen verschiedenen Provinzen der Gesellschaft wird gelebt und die Menschen, die dort wachsen, sind gleichermaßen Menschen. Es scheint seltsam, dass es zwischen Menschen so große Unterschiede in ihren Bedürfnissen gibt. Und hier verlassen uns die Analogien unseres Vergleichs. Pflanzen und Tiere in den gleichen Familien haben die gleichen Bedürfnisse. Das menschliche Leben führt uns zu gegenteiligen Beobachtungen. Welche Schlussfolgerungen lassen sich daraus ziehen, außer dass es eine beträchtliche Elastizität in der Art und Anzahl unserer Bedürfnisse gibt?

Ist es nützlich und förderlich für die Entwicklung des Individuums und sein Glück, für die Entwicklung und das Glück der Gesellschaft, wenn der Mensch eine Vielzahl von Bedürfnissen hat und sich bemüht, diese zu befriedigen?-Zuerst sollten wir unseren Vergleich mit den niederen Wesen wieder aufnehmen. Wenn ihre Grundbedürfnisse befriedigt sind, leben sie zufrieden. Ist dies auch in der menschlichen Gesellschaft der Fall? Nein. Auf allen Stufen begegnen wir Unzufriedenheit. Ich nehme hier diejenigen völlig aus, denen es am Nötigsten fehlt. Man kann nicht ohne Unrecht diejenigen zu den Unzufriedenen zählen, denen die Kälte, der Hunger und das Elend Klagen entlocken. Ich möchte mich nur mit der Vielzahl von Menschen beschäftigen, die unter erträglichen Bedingungen leben. Woher kommt ihre Unzufriedenheit? Warum ist sie nicht nur bei Menschen in bescheidenen, wenn auch ausreichenden Verhältnissen zu finden, sondern in immer raffinierteren Schattierungen auch im Wohlstand und an der Spitze der gesellschaftlichen Situationen? Man spricht von satten Bürgern. Wer spricht davon? Diejenigen, die sie von außen beurteilen und denken, dass sie in der Zeit, in der sie sich etwas gönnen, wirklich genug haben müssen. Aber halten sie sich selbst für zufrieden? Nicht im geringsten. Wenn es reiche und zufriedene Menschen gibt, können Sie sicher sein, dass sie nicht zufrieden sind, weil sie reich sind, sondern weil sie wissen, wie man zufrieden ist. Ein Tier ist satt, weil es gefressen hat, es legt sich hin und schläft. Ein Mensch kann sich für eine gewisse Zeit hinlegen und schlafen, aber dies ist nie von Dauer, er gewöhnt sich an das Wohlbefinden, wird dessen überdrüssig und verlangt nach einem größeren. Der Appetit des Menschen wird nicht durch das Essen gestillt, er kommt durch das Essen. Dies mag absurd klingen, ist aber die reine Wahrheit.

Und die Tatsache, dass diejenigen, die sich am meisten beschweren, fast immer diejenigen sind, die am meisten Grund hätten, zufrieden zu sein, beweist, dass das Glück nicht von der Anzahl unserer Bedürfnisse und der Bereitschaft, sie zu pflegen, abhängt. Jeder ist daran interessiert, sich diese Wahrheit einzuprägen. Wenn er dies nicht tut, wenn er nicht durch einen Akt der Energie seine Bedürfnisse einschränkt, riskiert er, sich unmerklich auf den Weg des Verlangens zu begeben.

Der Mensch, der lebt, um zu essen, zu trinken, zu schlafen, sich zu kleiden, spazieren zu gehen und sich alles zu geben, was er sich geben kann, ob er nun ein Parasit ist, der in der Sonne liegt, ein Arbeiter, der trinkt, ein Bourgeois, der seinem Bauch dient, eine Frau, die in ihrer Toilette versunken ist, ein billiger oder ein teurer Nachtschwärmer, oder ob er einfach ein vulgärer Epikureer ist, aber ein guter Junge, der den materiellen Bedürfnissen zu sehr nachgibt, dieser Mensch, sagen wir, hat sich auf den Hang des Verlangens begeben und dieser Hang ist verhängnisvoll. Diejenigen, die ihn hinabsteigen, gehorchen denselben Gesetzen wie ein Körper, der auf einer schiefen Ebene rollt. In einer immer wiederkehrenden Illusion sagen sie sich: "Nur noch ein paar Schritte, die letzten, auf das Objekt dort drüben zu, das unsere Begierde anzieht... dann werden wir stehen bleiben. Aber die erreichte Geschwindigkeit zieht sie mit sich. Je weiter sie gehen, desto weniger können sie ihr widerstehen.

Das ist das Geheimnis der Unruhe und der Wut vieler unserer Zeitgenossen. Sie haben ihren Willen dazu verurteilt, ein Sklave ihres Appetits zu sein und erhalten nun die Strafe für ihre Taten. Sie sind den wilden, unerbittlichen Begierden ausgeliefert, die ihr Fleisch fressen, ihre Knochen zermalmen, ihr Blut trinken und niemals gestillt werden können. Ich möchte hier keine transzendente Moral aufstellen, sondern dem Leben zuhören und nebenbei einige der Wahrheiten aufschreiben, die uns an allen Straßenkreuzungen begegnen.

Hat die Trunksucht, die so viele neue Getränke erfindet, ein Mittel gefunden, um den Durst zu löschen? Nein, man könnte es eher als die Kunst bezeichnen, den Durst zu erhalten und unlöschbar zu machen. Stumpft Zügellosigkeit den Stachel der Sinne ab? Nein, sie übertreibt ihn und verwandelt das natürliche Verlangen in eine krankhafte Besessenheit, eine fixe Idee. Lassen Sie Ihre Bedürfnisse regieren und pflegen Sie sie, dann werden Sie sehen, wie sie sich vermehren wie Insekten in der Sonne. Je mehr Sie ihnen geben, desto mehr verlangen sie. Es ist töricht, das Glück allein im Wohlbefinden zu suchen. Ebenso gut könnte man versuchen, das Fass der Danaiden zu füllen. Denen, die Millionen haben, fehlen Millionen, denjenigen, die Tausend haben, fehlen Tausend. Den anderen fehlen 20-Franc- oder 100-Pfennig-Münzen. Wenn sie das Huhn im Topf haben, verlangen sie die Gans, wenn sie die Gans haben, möchten sie den Truthahn und so weiter und so fort. Man wird nie wissen, wie verhängnisvoll diese Tendenz ist. Es gibt zu viele kleine Leute, die die Großen nachahmen wollen, zu viele Arbeiter, die den Bourgeois nachäffen, zu viele

Mädchen aus dem Volk, die sich als Fräulein aufspielen, zu viele kleine Angestellte, die Clubman und Sportman spielen und in den wohlhabenden und reichen Klassen gibt es zu viele Menschen, die vergessen, dass das, was sie besitzen, besser genutzt werden könnte, als sich alle möglichen Genüsse zu gönnen, nur um dann festzustellen, dass man nie genug davon hat. Unsere Bedürfnisse haben sich von Dienern, die sie sein sollten, zu einer turbulenten, undisziplinierten Menge, einer Legion von Tyrannen mit kleinen Füßen entwickelt. Man kann den Menschen, der ein Sklave seiner Bedürfnisse ist, nicht besser mit einem Bären vergleichen, der einen Ring in der Nase hat und den man nach Belieben führen und tanzen lassen kann. Der Vergleich ist nicht schmeichelhaft, aber Sie müssen zugeben, dass er wahr ist. Sie werden von ihren Bedürfnissen getrieben, so viele Menschen, die sich abmühen, schreien und von Freiheit, Fortschritt und was weiß ich noch alles reden. Sie können nicht einen Schritt im Leben machen, ohne sich zu fragen, ob sie damit ihre Herren verärgern. Wie viele Männer und Frauen sind von einem zum anderen in die Unredlichkeit getrieben worden, nur weil sie zu viele Bedürfnisse hatten und sich nicht mit einem einfachen Leben abfinden konnten. In den Zellen von Mazas gibt es viele Insassen, die uns viel über die Gefahr von zu hohen Ansprüchen erzählen können.

Lassen Sie mich Ihnen die Geschichte eines guten Mannes erzählen, den ich kannte. Er liebte seine Frau und seine Kinder innig und lebte in Frankreich von seiner Arbeit in einem schönen Wohlstand, der jedoch bei weitem nicht die luxuriösen Bedürfnisse seiner Frau erfüllte. Da er immer knapp bei Kasse war, obwohl er mit ein wenig Einfachheit ein reiches Leben hätte führen können, wanderte er schließlich in eine weit entfernte Kolonie aus, wo er viel Geld verdiente, und ließ seine Familie im Mutterland zurück. Ich weiß nicht, was dieser unglückliche Mann dort denkt, aber seine Leute haben eine schönere Wohnung, bessere Toiletten und eine Art Mannschaft. Und im Moment sind sie sehr zufrieden. Aber sie werden sich bald an diesen rudimentären Luxus gewöhnt haben. In einiger Zeit wird die Frau ihre Einrichtung als schäbig und ihre Ausstattung als armselig empfinden. Wenn dieser Mann seine Frau liebt, woran es keinen Zweifel gibt, wird er auf den Mond auswandern, um ein höheres Gehalt zu erhalten.-Andernorts sind die Rollen vertauscht, die Frau und die Kinder werden den gierigen Bedürfnissen des Familienoberhauptes geopfert, das durch das unregelmäßige Leben, das Glücksspiel und viele andere kostspielige Verrücktheiten seine Pflichten vergessen hat. Zwischen seinen Gelüsten und seiner Vaterrolle hat er sich für die ersteren entschieden und langsam driftet er in den niederträchtigsten Egoismus ab.

Dieses Vergessen der Würde und das allmähliche Abstumpfen der edlen Gefühle ist nicht nur bei den Genießern der wohlhabenden Klassen zu beobachten. Auch der einfache Mann ist davon betroffen. Ich kenne viele kleine Haushalte, in denen das Glück herrschen könnte, aber Sie würden eine arme Mutter sehen, die Tag und Nacht nichts als Kummer und Sorgen hat, Kinder ohne Schuhe und oft große Sorgen um das Brot. Warum ist das so? Weil der Vater zu viel Geld braucht. Um nur von den Ausgaben für Alkohol zu sprechen, jeder weiß, welche Ausmaße sie in den letzten zwanzig Jahren erreicht haben. Die Summen, die von diesem Abgrund verschlungen wurden, sind sagenhaft: das Doppelte des Lösegeldes für den Krieg von 1870. Wie viele legitime Bedürfnisse hätten mit dem befriedigt werden können, was den falschen Bedürfnissen zum Fraß vorgeworfen wurde? Die Herrschaft der Bedürfnisse ist nicht die Herrschaft der Solidarität, ganz im Gegenteil. Je mehr ein Mensch für sich selbst braucht, desto weniger kann er für den Nächsten tun, sogar für diejenigen, die mit ihm durch Blutsbande verbunden sind.

Das Ergebnis der Herrschaft der Bedürfnisse ist ein Rückgang des Glücks, der Unabhängigkeit, der moralischen Feinfühligkeit und sogar der Solidaritätsgefühle. Man könnte noch eine Vielzahl anderer Nachteile hinzufügen, von denen die Untergrabung des öffentlichen Vermögens und der Gesundheit nicht der geringste ist. Gesellschaften, die zu große Bedürfnisse haben, gehen in der Gegenwart auf, opfern die Errungenschaften der Vergangenheit und opfern die Zukunft. Nach uns die Sintflut! Wälder abholzen, um Geld zu verdienen, Weizen zu Gras essen, die Früchte einer langen Arbeit an einem Tag zerstören, Möbel verbrennen, um zu heizen, die Zukunft mit Schulden belasten, um den gegenwärtigen Moment angenehm zu gestalten, von Notfällen leben und für den nächsten Tag Schwierigkeiten, Krankheiten, Ruin, Neid, Groll,... säen, man könnte nicht aufhören, wenn man alle Übel dieses verhängnisvollen Regimes aufzählen wollte.

Im Gegenteil, wenn wir uns an die einfachen Bedürfnisse halten, vermeiden wir all diese Nachteile und ersetzen sie durch eine Vielzahl von Vorteilen. Es ist eine alte Geschichte, dass Nüchternheit und Mäßigung die besten Hüter der Gesundheit sind. Wer sie befolgt, dem erspart sie viel Elend, das das Leben traurig macht, sie sichern ihm Gesundheit, die Liebe zum Handeln und das intellektuelle Gleichgewicht. Ob es sich um Nahrung, Kleidung oder Wohnung handelt, die Einfachheit des Geschmacks ist eine Quelle der Unabhängigkeit und Sicherheit. Je einfacher Sie leben, desto sicherer ist Ihre Zukunft. Sie sind weniger Überraschungen und widrigen Umständen ausgeliefert. Eine Krankheit oder Arbeitslosigkeit reicht nicht aus, um Sie auf die Straße zu werfen. Eine Veränderung der Situation, selbst wenn sie bemerkenswert ist, wirft Sie nicht aus der Bahn. Da Sie einfache Bedürfnisse haben, ist es für Sie weniger schmerzhaft, sich mit den Chancen des Glücks zu arrangieren. Sie bleiben ein Mensch, auch wenn Sie Ihre Stelle oder Ihre Rente verlieren, denn das Fundament, auf dem Ihr Leben ruht, ist nicht Ihr Tisch, Ihr Keller, Ihr Stall, Ihre Möbel oder Ihr Geld. Sie werden sich in der Not nicht wie ein Säugling verhalten, dem man die Rassel oder das Fläschchen weggenommen hat. Sie werden stärker, besser für den Kampf gerüstet sein, weniger Angriffsfläche für die Hände des Gegners bieten, wie es bei Menschen mit kurzen Haaren der Fall ist, und Sie werden auch Ihren Mitmenschen mehr nützen. Sie werden nicht seinen Neid, seinen niedrigen Appetit oder seine Missbilligung durch die Zurschaustellung Ihres Luxus, durch die Ungerechtigkeit Ihrer Ausgaben oder durch das Schauspiel einer parasitären Existenz erregen und Sie werden weniger auf Ihr eigenes Wohlergehen bedacht sein und die Mittel behalten, um für das Wohlergehen anderer zu arbeiten.

VII. Das einfache Vergnügen.

Finden Sie diese Zeit amüsant? Ich finde sie im Großen und Ganzen eher traurig. Und ich fürchte, dass mein Eindruck nicht ganz persönlich ist. Wenn ich meine Zeitgenossen beim Leben beobachte und ihnen beim Reden zuhöre, fühle ich mich leider in dem Gefühl bestätigt, dass sie nicht viel Spaß haben. Es ist nicht so, dass sie es nicht versuchen würden, aber es gelingt ihnen nicht besonders gut. Woran kann das liegen?

Die einen geben der Politik oder den Geschäften die Schuld, die anderen den sozialen Fragen oder dem Militarismus. Wir haben die Qual der Wahl, wenn es darum geht, unsere großen Sorgen aufzuzählen. Gehen Sie und amüsieren Sie sich. Es ist zu viel Pfeffer in unserer Suppe, als dass wir sie mit Vergnügen essen würden. Unsere Arme sind mit einer Vielzahl von Peinlichkeiten beladen, von denen jede für sich ausreichen würde, um uns die Laune zu verderben. Von morgens bis abends, wo auch immer Sie hingehen, treffen Sie auf Menschen, die in Eile sind, belästigt werden und sich Sorgen machen. Die einen haben all ihr gutes Blut in den bösen Konflikten einer geharnischten Politik gelassen, die anderen sind angewidert von den gemeinen Methoden und der Eifersucht, die sie in der Welt der Literatur oder der Künste angetroffen haben. Der kommerzielle Wettbewerb stört ebenfalls den Schlaf; übermäßig anspruchsvolle Lehrpläne und überfüllte Karrieren verderben jungen Menschen das Leben; die Arbeiterklasse leidet unter den Folgen eines andauernden industriellen Kampfes. Es wird unangenehm zu regieren, weil das Prestige schwindet, zu lehren, weil der Respekt abnimmt: wo immer man hinschaut, gibt es Grund zur Unzufriedenheit.

Dennoch zeigt uns die Geschichte einige turbulente Epochen, in denen die idyllische Ruhe ebenso fehlte wie in der unseren, und in denen die schlimmsten Ereignisse die Fröhlichkeit nicht verhinderten. Es scheint sogar, dass der Ernst der Zeit, die Unsicherheit des nächsten Tages und die Gewalt der sozialen Unruhen gelegentlich zu einer neuen Quelle der Vitalität werden. Es ist nicht ungewöhnlich, dass Soldaten zwischen zwei Schlachten singen und ich glaube, ich irre mich nicht, wenn ich sage, dass die menschliche Freude ihre schönsten Triumphe in den härtesten Zeiten, inmitten von Hindernissen, gefeiert hat. Aber es gab damals innere Gründe, vor der Schlacht friedlich zu schlafen oder im Sturm zu singen, die uns heute vielleicht fehlen. Die Freude liegt nicht in den Dingen, sondern in uns. Und ich glaube immer noch, dass die Ursachen für unser gegenwärtiges Unwohlsein, für die ansteckende schlechte Laune, die uns überfällt, mindestens genauso sehr in uns selbst liegen wie in den äußeren Umständen.

Um sich von ganzem Herzen zu amüsieren, muss man sich auf einer soliden Basis fühlen, man muss an das Leben glauben und es in sich haben. Und das ist es, was uns fehlt. Viele Männer, sogar die Jugend, sind heute mit dem Leben zerstritten und ich spreche nicht nur von den Philosophen. Wie soll man sich amüsieren, wenn man den Hintergedanken hat, dass es vielleicht besser wäre, wenn es nie etwas gegeben hätte? Außerdem beobachten wir in den Lebenskräften dieser Zeit eine beunruhigende Depression, die auf den Missbrauch der Sinneswahrnehmungen durch den Menschen zurückzuführen ist. Zu viele Exzesse jeglicher Art haben unsere Sinne verzerrt und unsere Fähigkeit, glücklich zu sein, beeinträchtigt. Die Natur erliegt den Exzentrizitäten, die wir ihr zugefügt haben. Der Lebenswille ist tief in seinen Wurzeln verletzt und versucht, sich mit künstlichen Mitteln zu befriedigen. Im medizinischen Bereich wird auf künstliche Atmung, künstliche Ernährung und Galvanisierung zurückgegriffen. Ebenso sehen wir um den ausatmenden Genuss herum eine Vielzahl von Wesen, die eifrig bemüht sind, ihn zu wecken und wiederzubeleben. Die genialsten Mittel wurden erfunden und man wird nicht sagen können, dass die Kosten gescheut wurden. Alles wurde versucht, das Mögliche und das Unmögliche. Aber in all diesen komplizierten Destillierapparaten wurde nie ein Tropfen echter Freude destilliert. Man sollte die Freude nicht mit den Instrumenten der Freude verwechseln. Würde es genügen, sich mit einem Pinsel zu bewaffnen, um ein Maler zu sein, oder sich für viel Geld eine Stradivari zu kaufen, um ein Musiker zu sein? Auch wenn Sie die besten und genialsten äußeren Geräte hätten, um sich zu vergnügen, wären Sie nicht weiter. Aber mit einem Stück Kohle kann ein großer Maler eine unsterbliche Skizze zeichnen. Um zu malen, braucht man Talent oder Genie und um sich zu amüsieren, muss man die Fähigkeit haben, glücklich zu sein. Jeder, der sie besitzt, kann sich mit wenig Aufwand amüsieren. Diese Fähigkeit wird im Menschen durch Skepsis, ein falsches Leben und Missbrauch zerstört; sie wird durch Vertrauen, Mäßigung und normale Gewohnheiten der Aktivität und des Denkens aufrechterhalten.

Ein ausgezeichneter und leicht zu sammelnder Beweis für meine Behauptung ist die Tatsache, dass überall dort, wo ein einfaches und gesundes Leben zu finden ist, echtes Vergnügen es begleitet, wie der Duft der natürlichen Blumen. Dieses Leben kann noch so schwierig, behindert und ohne das sein, was wir gewöhnlich als die Bedingungen für Vergnügen betrachten, doch die zarte und seltene Pflanze der Freude gedeiht hier. Sie bricht zwischen zwei eng beieinander liegenden Pflastersteinen, in einer Mauerritze, in einer Felsspalte hervor. Man fragt sich, wie und woher sie kommt. Aber sie lebt, während Sie sie in warmen Gewächshäusern und auf hochgezüchteten Feldern mit dem Gewicht von Gold anbauen, nur um zu sehen, wie sie zwischen Ihren Fingern verkümmert und stirbt.

Fragen Sie Theaterschauspieler, welches Publikum am meisten Spaß an der Komödie hat, und sie werden Ihnen antworten, dass es das Volk ist. Der Grund dafür ist nicht sehr schwer zu verstehen. Für dieses Publikum ist die Komödie eine Ausnahme, es hat sich nicht an ihr sattgesehen. Außerdem ist es eine Erholung von seinen harten Ermüdungserscheinungen. Dieses Vergnügen, das er genießt, hat er sich ehrlich verdient und er kennt den Preis dafür genauso wie den Preis für die kleinen Münzen, die er im Schweiße seines Angesichts verdient hat. Außerdem hat er nicht hinter der Bühne gestanden, er hat sich nicht in die Intrigen der Künstler eingemischt, er kennt die Fäden nicht, er glaubt, dass es passiert ist. Aus all diesen Gründen genießt er ein ungetrübtes Vergnügen. Ich sehe von hier aus den blasierten Skeptiker, dessen Monokel in dieser Loge funkelt, wie er einen verächtlichen Blick auf die amüsierte Menge wirft:

Arme Menschen, Narren, unwissende und ungehobelte Menschen!

Und doch sind sie die wahren Lebenden, während er ein künstliches Wesen, eine Schaufensterpuppe ist, die nicht in der Lage ist, den schönen und heilsamen Rausch einer Stunde des offenen Vergnügens zu empfinden.

Leider geht die Naivität verloren, sogar aus den volkstümlichen Regionen. Wir sehen, wie die Menschen in den Städten und in ihrem Gefolge die Menschen auf dem Land mit den guten Traditionen brechen. Der Geist, der durch Alkohol, Spielsucht und ungesunde Lektüre pervertiert wird, entwickelt nach und nach krankhafte Vorlieben. Das Scheinleben bricht in die ehemals einfachen Milieus ein und es ist, als ob die Reblaus die Weinreben befällt. Der robuste Baum der rustikalen Freude versiegt im Saft und seine Blätter verfärben sich gelb. Vergleichen Sie ein ländliches Fest im guten alten Stil mit einem dieser angeblich modernisierten Dorffeste. Auf der einen Seite, im respektierten Rahmen der jahrhundertealten Bräuche, singen solide Landbewohner in bäuerlicher Kleidung heimatliche Lieder, tanzen heimatliche Tänze, nehmen natürliche Getränke zu sich und scheinen völlig bei der Sache zu sein. Sie amüsieren sich, wie der Schmied schmiedet, wie der Wasserfall fällt, wie die Fohlen auf der Weide springen. Es ist ansteckend und gewinnt das Herz. Gegen seinen Willen sagt man: "Bravo, Kinder, das ist es!". Man möchte gerne dabei sein. Auf der anderen Seite sehe ich Dorfbewohner, die als Städter verkleidet sind, Landfrauen, die von der Modistin hässlich gemacht wurden, und als Hauptschmuck des Festes einen Haufen degenerierter Menschen, die Lieder aus dem Café-Concert grölen, und manchmal auf dem Ehrenplatz einige Kabarettisten der zehnten Klasse, die für den Anlass gekommen sind, um die Landbewohner zu vergrößern und ihnen raffinierte Freuden zu bereiten. Die Getränke bestanden aus Kartoffelschnaps oder Absinth. All dies ist weder originell noch malerisch. Vielleicht ein wenig nachlässig und vulgär, aber nicht mit der Hingabe, die naiver Genuss mit sich bringt.

Die Frage des Genusses ist entscheidend. Die Besonnenen vernachlässigen sie in der Regel als Belanglosigkeit, die Nützlichen als teuren Luxus. Diejenigen, die als Genussmenschen bezeichnet werden, stochern in einem so heiklen Bereich herum wie Wildschweine in einem Garten. Man scheint nicht zu ahnen, welch immenses menschliches Interesse an der Freude besteht. Es ist eine heilige Flamme, die genährt werden muss und die das Leben in ein helles Licht taucht. Derjenige, der sich bemüht, sie zu erhalten, tut ein Werk, das für die Menschheit genauso nützlich ist, wie derjenige, der Brücken baut, Tunnel bohrt und das Land kultiviert. Sich so zu verhalten, dass man inmitten der Mühen und Leiden des Lebens die Fähigkeit glücklich zu sein in sich behält und sie wie durch eine Art heilsame Ansteckung unter seinen Mitmenschen verbreiten kann, ist Solidarität im edelsten Sinne des Wortes. Ein wenig Freude zu bereiten, sorgenvolle Stirnen zu erheitern, ein wenig Licht auf dunkle Wege zu bringen, was für ein wahrhaft göttliches Amt in dieser armen Menschheit. Aber nur mit einer großen Einfachheit des Herzens können wir dieses Amt erfüllen.

Wir sind nicht einfach genug, um glücklich zu sein und andere glücklich zu machen. Es fehlt uns die Güte und die Selbstlosigkeit. Wir verbreiten Freude, wie wir Trost verbreiten, auf eine Art und Weise, die zu negativen Ergebnissen führt. Was tun wir, um jemanden zu trösten? Wir bemühen uns, sein Leiden zu leugnen, es zu diskutieren und ihn davon zu überzeugen, dass er sich irrt, wenn er glaubt, unglücklich zu sein. Im Grunde genommen ist unsere Sprache, die in Worte der Wahrheit übersetzt wurde, wie folgt: "Du leidest, Freund. Das ist seltsam, du musst dich irren, denn ich spüre nichts". Da die einzige menschliche Möglichkeit, Leiden zu lindern, darin besteht, sie durch das Herz zu teilen, was sollte ein Unglücklicher fühlen, der auf diese Weise getröstet wird?

Um unsere Mitmenschen zu unterhalten und ihnen eine angenehme Zeit zu bereiten, gehen wir auf die gleiche Weise vor: Wir laden sie ein, unseren Geist zu bewundern, über unsere Späße zu lachen, unser Haus zu besuchen, an unserem Tisch zu sitzen und überall kommt unsere Sorge um den guten Ruf zum Vorschein. Manchmal geben wir ihm auch mit schützender Liberalität ein Almosen für eine Unterhaltung unserer Wahl. Es sei denn, wir laden ihn ein, sich mit uns zu vergnügen, so wie wir ihn zu einem Kartenspiel einladen würden, mit dem Hintergedanken, es zu unserem Vorteil zu nutzen. Glauben Sie, dass das Vergnügen schlechthin für andere darin besteht, uns zu bewundern, unsere Überlegenheit anzuerkennen oder uns als Werkzeug zu dienen? Gibt es auf der Welt eine Langeweile, die mit dem Gefühl vergleichbar ist, ausgenutzt, beschützt oder in eine Falle gelockt zu werden? Um anderen Freude zu bereiten und sich selbst Freude zu bereiten, müssen Sie zunächst das verhasste Selbst entfernen und es für die Dauer der Unterhaltung in Ketten halten. Es gibt keinen schlimmeren Spaßverderber als diesen. Seien Sie gutmütig, freundlich, wohlwollend, nehmen Sie Ihre Medaillen, Plaketten und Titel mit nach Hause und stehen Sie anderen von ganzem Herzen zur Verfügung!

Leben wir manchmal auch nur für eine Stunde und alles andere ist egal, um andere zum Lächeln zu bringen. Das Opfer ist nur scheinbar, niemand amüsiert sich besser als diejenigen, die sich einfach nur hingeben, um ihren Mitmenschen ein wenig Glück und Vergessen zu bringen.

Wann werden wir Menschen so einfach sein, dass wir nicht all die Dinge, die uns im täglichen Leben auf die Nerven gehen, an die erste Stelle unserer Vergnügungsversammlungen setzen? Können wir nicht für eine Stunde unsere Ansprüche, unsere Einteilungen, unsere Klassifizierungen, unsere Charaktere vergessen, um wieder Kinder zu sein und wieder über das gute Lachen zu lachen, das so gut tut und die Menschen besser macht?

Ich fühle mich gedrängt, eine ganz besondere Bemerkung zu machen und meinen wohlmeinenden Lesern die Gelegenheit zu geben, sich an ein großartiges Werk zu machen. Mein Ziel ist es, die Aufmerksamkeit der Leser auf einige Kategorien von Personen zu lenken, die in Bezug auf das Vergnügen ziemlich vernachlässigt werden.

Es wird angenommen, dass ein Besen nur zum Fegen, eine Gießkanne nur zum Gießen, eine Kaffeemühle nur zum Mahlen von Kaffee verwendet werden kann und ebenso wird angenommen, dass ein Krankenpfleger nur zum Pflegen von Kranken, ein Lehrer nur zum Unterrichten, ein Priester nur zum Predigen, Beerdigen, Beichten und ein Wächter nur zum Wachen geeignet ist. Daraus wird geschlossen, dass die Menschen, die sich mit ernsthafteren Arbeiten beschäftigen, ihren Aufgaben gewidmet sind, wie ein Ochse dem Pflügen. Unterhaltung ist mit dieser Art von Aktivität unvereinbar. Wenn man diese Betrachtungsweise noch weiter fortsetzt, glaubt man, dass die Krüppel, die Leidenden, die Ruinierten, die Besiegten des Lebens und alle, die eine schwere Last zu tragen haben, auf der Seite des Schattens liegen, wie die Nordseite der Berge, und dass es notwendig ist, dass dies so ist. Daraus wird allgemein geschlossen, dass ernste Menschen kein Bedürfnis nach Vergnügen haben und dass es unpassend wäre, ihnen Vergnügen zu bieten. Was die Trauernden betrifft, so wäre es unfein, den Faden ihrer traurigen Gedanken zu unterbrechen. Es scheint also, dass einige Menschen dazu verurteilt sind, immer streng zu bleiben, dass man ihnen mit strenger Miene begegnen und mit ihnen nur über strenge Dinge sprechen sollte. Ebenso sollte man das Lächeln an der Tür lassen, wenn man Kranke und Unglückliche besucht, ein düsteres Gesicht aufsetzen, eine bedauernswerte Miene aufsetzen und traurige Gesprächsthemen wählen. Auf diese Weise bringt man Dunkelheit zu denen, die im Dunkeln sind und Schatten zu denen, die im Schatten sind. Sie tragen dazu bei, die Isolation der Isolierten und die Monotonie des trostlosen Lebens zu erhöhen. Man schließt bestimmte Existenzen wie in einem Kerker ein; weil um ihre verlassenen Asyle herum Gras wächst, spricht man leise, wenn man sich ihnen nähert, als ob man sich Gräbern nähert. Wer ahnt, was für ein grausames Werk der Hölle täglich in der Welt vollbracht wird? Es darf nicht so sein.

Wenn Sie Männer oder Frauen sehen, die mit strengen Aufgaben oder dem schmerzhaften Amt betraut sind, sich mit dem menschlichen Elend zu beschäftigen und Wunden zu verbinden, denken Sie daran, dass diese Wesen wie Sie geschaffen sind, dass sie die gleichen Bedürfnisse haben und dass es Stunden gibt, in denen sie Vergnügen und Vergessen brauchen. Sie werden sie nicht von ihrer Aufgabe ablenken, indem Sie sie manchmal zum Lachen bringen, da sie so viele Tränen und Schmerzen sehen. Im Gegenteil, Sie werden ihnen Kraft geben, damit sie ihre Arbeit besser fortsetzen können.

Und wenn Sie mit leidgeprüften Familien oder Einzelpersonen konfrontiert werden, umgeben Sie diese nicht wie Pestkranke mit einem Cordon sanitaire, den Sie nur unter Vorsichtsmaßnahmen überschreiten, die sie an ihr trauriges Schicksal erinnern. Stattdessen, nachdem Sie Ihr Mitgefühl und Ihren Respekt für ihren Schmerz gezeigt haben, erleichtern Sie sie, helfen Sie ihnen zu leben, bringen Sie ihnen einen Duft von draußen, etwas, das sie daran erinnert, dass ihr Unglück sie nicht von der Welt ausschließt.

Wenden Sie Ihr Mitgefühl auch all jenen zu, die eine absorbierende Beschäftigung haben und sozusagen an Ort und Stelle festgenagelt sind. Die Welt ist voll von geopferten Menschen, die niemals Ruhe oder Vergnügen haben und denen die kleinste Freiheit, die kleinste Atempause unendlich gut tut. Und es wäre so einfach, ihnen diese minimale Erleichterung zu verschaffen, wenn man nur daran denken würde. Aber der Besen ist zum Kehren da und es scheint, dass er keine Müdigkeit verspüren kann. Wir müssen uns von dieser schuldigen Blindheit befreien, die uns daran hindert, die Müdigkeit derer zu sehen, die immer auf der Flucht sind. Lassen Sie uns die verlorenen Wächter der Pflicht aufrichten und Sisyphos eine Stunde Zeit zum Verschnaufen geben. Nehmen wir für einen Moment den Platz der Familienmutter ein, die durch die Pflege des Haushalts und der Kinder versklavt ist, opfern wir ein wenig von unserem Schlaf für diejenigen, die durch die langen Wachen in der Nähe der Kranken zermürbt werden. Junge Frau, die vielleicht nicht immer Spaß am Spazierengehen hat, nehmen Sie die Schürze der Köchin und geben Sie ihr den Schlüssel zu den Feldern. So werden Sie viele Menschen glücklich machen und selbst glücklich sein. Wir gehen ständig an Menschen vorbei, die Lasten tragen, die wir für eine kurze Zeit auf uns nehmen könnten. Aber diese kurze Atempause würde ausreichen, um Krankheiten zu heilen, die erloschene Freude in vielen Herzen wiederzubeleben und dem guten Willen unter den Menschen eine breite Laufbahn zu eröffnen. Wie viel besser würde man sich verstehen, wenn man sich von Herzen in die Lage des anderen versetzen könnte und wie viel mehr Freude würde das Leben bereiten!

Ich habe an anderer Stelle zu viel über die Organisation des Vergnügens unter der Jugend gesprochen, als dass ich hier im Detail darauf eingehen könnte[1]. Aber ich möchte im Wesentlichen sagen, was man nicht oft genug wiederholen kann: Wenn Sie wollen, dass die Jugend moralisch ist, dann vernachlässigen Sie nicht ihre Freuden und überlassen Sie die Sorge, sie ihnen zu verschaffen, nicht dem Zufall. Sie werden mir vielleicht antworten, dass die Jugend es nicht mag, wenn man ihre Vergnügungen reguliert und dass die heutige Jugend verwöhnt ist und sich zu sehr amüsiert. Zunächst möchte ich Ihnen antworten, dass man Ideen vorschlagen, Richtungen angeben und Gelegenheiten zum Vergnügen schaffen kann, ohne etwas zu regulieren. Zweitens möchte ich Sie darauf hinweisen, dass Sie sich irren, wenn Sie glauben, dass die Jugend zu viel Spaß hat. Außer den künstlichen, energetisierenden und auflösenden Vergnügungen, die das Leben verwelken lassen, anstatt es blühen und strahlen zu lassen, bleibt ihr heute sehr wenig übrig. Der Missbrauch, dieser Feind der legitimen Nutzung, hat die Erde so verschmiert, dass es schwierig ist, etwas zu berühren, das nicht von ihm verschmutzt wurde. Daher gibt es unzählige Vorsichts-

---

1   Siehe unter anderem: Jugend, Kap. Die Freude.

maßnahmen, Verbote und Prohibitionen. Man kann sich kaum bewegen, wenn man alles vermeiden will, was mit ungesunden Vergnügungen zu tun hat. In der heutigen Jugend, vor allem in derjenigen, die sich selbst respektiert, verursacht der Mangel an Vergnügen tiefe Leiden. Man kann nicht ohne Nachteile von diesem großzügigen Wein entwöhnt werden. Es ist unmöglich, diesen Zustand zu verlängern, ohne den Schatten auf den Köpfen unserer jungen Generation zu verdichten. Wir müssen ihnen zu Hilfe kommen. Unsere Kinder erben eine Welt, die nicht fröhlich ist. Wir hinterlassen ihnen große Sorgen, unangenehme Fragen und ein Leben voller Hindernisse und Komplikationen. Lassen Sie uns wenigstens versuchen, den Morgen ihrer Tage zu erhellen. Organisieren wir das Vergnügen, schaffen wir Schutzräume dafür, öffnen wir unsere Herzen und unsere Häuser. Lassen Sie uns die Familie in unser Spiel einbeziehen. Lassen Sie Fröhlichkeit nicht länger ein Exportgut sein. Bringen wir unsere Söhne zusammen, die unsere trostlosen Innenräume auf die Straße treiben, und unsere Töchter, die sich in der Einsamkeit langweilen. Lassen Sie uns Familienfeste, Empfänge und Familienausflüge vervielfachen, lassen Sie uns die gute Laune in unserem Land zu einer Institution machen. Lassen Sie die Schule mitmachen. Lehrer und Schüler, Schüler oder Studenten, sollten sich öfter treffen und gemeinsam Spaß haben. Das bringt die ernsthafte Arbeit voran. Es gibt nichts Besseres, um seinen Lehrer zu verstehen, als in seiner Gesellschaft gelacht zu haben, und umgekehrt, um einen Studenten oder Schüler zu verstehen, muss man ihn nicht nur auf der Schulbank oder auf dem Prüfungsstuhl gesehen haben.

- Und wer wird das Geld beschaffen?- Was für eine Frage! Das ist der zentrale Fehler. Freude und Geld werden als die zwei Flügel desselben Vogels angesehen. Ach, die Illusion ist grob! Vergnügen kann, wie alle wirklich wertvollen Dinge auf dieser Welt, weder verkauft noch gekauft werden. Um sich zu amüsieren, muss man mit seiner Person bezahlen, das ist das Wesentliche. Wir verbieten Ihnen nicht, Ihren Geldbeutel zu öffnen, wenn Sie es können und es für nützlich halten. Aber ich versichere Ihnen, es ist nicht unbedingt notwendig. Vergnügen und Einfachheit sind zwei alte Bekannte. Empfangen Sie einfach, versammeln Sie sich einfach. Arbeiten Sie zuerst gut, seien Sie so freundlich und loyal wie möglich zu Ihren Mitmenschen und reden Sie nicht schlecht über die, die nicht anwesend sind: der Erfolg wird sicher sein.

VIII. Söldnergeist und die Einfachheit.

Wir haben gerade im Vorbeigehen ein weit verbreitetes Vorurteil angesprochen, das dem Geld eine magische Kraft zuschreibt. Wenn wir so nahe an ein heißes Pflaster herankommen, werden wir es nicht vermeiden können, aber wir werden es betreten, da wir überzeugt sind, dass es in diesem Punkt viele Wahrheiten zu sagen gibt. Sie sind nicht neu, aber sie sind so vergessen.

Ich sehe keinen Weg, wie wir ohne Geld auskommen können. Alles, was einige Theoretiker oder Gesetzgeber, die das Geld für alles Übel verantwortlich machen, bis heute tun konnten, ist den Namen oder die Form des Geldes zu ändern. Sie konnten jedoch nie auf ein Zeichen verzichten, das den Handelswert der Dinge repräsentiert. Das Geld abschaffen zu wollen, ist ein ähnlicher Versuch wie die Schrift abzuschaffen. Nichtsdestotrotz ist die Frage des Geldes sehr verwirrend. Sie ist eines der Hauptelemente unseres komplizierten Lebens. Die wirtschaftlichen Schwierigkeiten, mit denen wir zu kämpfen haben, die sozialen Konventionen und die gesamte Organisation des modernen Lebens haben das Geld in eine so herausragende Position gebracht, dass es nicht verwunderlich ist, dass die menschliche Vorstellungskraft ihm eine Art Königswürde zuschreibt. Und dies ist die Seite, von der wir das Problem angehen müssen.

Der Begriff "Geld" ist das Gegenstück zum Begriff "Ware". Wenn es keine Waren gäbe, würde Geld nicht existieren. Aber solange es Waren gibt, wird es Geld geben, egal in welcher Form. Die Quelle aller Missbräuche, in deren Mittelpunkt das Geld steht, liegt in einer Verwechslung. Man hat unter dem Begriff und der Vorstellung von Waren Gegenstände verwechselt, die in keiner Beziehung zueinander stehen. Man hat versucht, Dingen einen Marktwert zu geben, die keinen haben können oder sollen. Die Ideen des Kaufens und Verkaufens sind in Provinzen eingedrungen, in denen sie zu Recht als fremd, feindlich und wucherisch angesehen werden können. Es ist legitim, dass Weizen, Kartoffeln, Wein und Stoffe zum Verkauf stehen und gekauft werden. Es ist völlig natürlich, dass die Arbeit eines Menschen ihm ein Recht auf Leben verleiht und dass ihm ein Wert in die Hand gegeben wird, der diese Rechte repräsentiert. Aber bereits hier ist die Analogie nicht mehr vollständig. Die Arbeit eines Menschen ist keine Ware wie ein Sack Weizen oder ein Zentner Kohle. Es gibt Elemente in dieser Arbeit, die nicht mit Geld bewertet werden können. Schließlich gibt es Dinge, die man nicht kaufen kann: Schlaf zum Beispiel, Wissen über die Zukunft, Talent. Derjenige, der sie uns zum Kauf anbietet, kann als verrückt oder als Betrüger angesehen werden. Dennoch gibt es Menschen, die mit diesen Dingen Geld verdienen. Sie verkaufen etwas, das ihnen nicht gehört und ihre Betrüger bezahlen die illusorischen Werte mit echter Währung. Ebenso gibt es Händler des Vergnügens, Händler der Liebe, Händler der Wunder, Händler des Patriotismus und der Titel des Händlers, der so ehrenhaft ist, wenn er für einen Menschen steht, der mit etwas handelt, das in der Tat eine Handelsware ist, wird zum schlimmsten

Schandfleck, wenn es um die Dinge des Herzens, der Religion und des Vaterlandes geht.

Fast alle sind sich einig, dass es eine Schande ist, mit seinen Gefühlen, seiner Ehre, seinem Kleid, seiner Feder, seinem Mandat zu handeln. Leider hat das, was in der Theorie keinen Widerspruch duldet, was, wie wir es sagen, eher einer Banalität als einer hohen moralischen Wahrheit gleicht, unendliche Schwierigkeiten, in die Praxis einzudringen. Der Handel hat die Welt erobert. Die Verkäufer haben sich bis zum Heiligtum vorgearbeitet, und mit Heiligtum meine ich nicht nur religiöse Dinge, sondern alles, was der Menschheit heilig und unantastbar ist. Es ist nicht das Geld, das das Leben kompliziert macht, es korrumpiert und verändert, es ist unser Söldnergeist.

Der Söldnergeist reduziert alles auf eine einzige Frage: Wie viel wird es mir einbringen? Er fasst alles in einem Axiom zusammen: Mit Geld kann man sich alles beschaffen. Mit diesen beiden Verhaltensgrundsätzen kann eine Gesellschaft zu einem Grad an Niedertracht herabsinken, der unmöglich zu beschreiben oder vorzustellen ist.

Wie viel wird mir das einbringen? Diese Frage, die so legitim ist, wenn es um die Vorkehrungen geht, die jeder treffen muss, um seinen Lebensunterhalt durch Arbeit zu sichern, wird verhängnisvoll, sobald sie über ihre Grenzen hinausgeht und das ganze Leben beherrscht. Dies ist so wahr, dass es sogar die Arbeit, mit der wir unseren Lebensunterhalt verdienen, erniedrigt. Ich leiste bezahlte Arbeit, nichts Besseres; aber wenn ich während dieser Arbeit nur den Wunsch habe, meinen Lohn zu erhalten, nichts Schlimmeres. Ein Mann, der nur seinen Lohn als Motiv für sein Handeln hat, macht schlechte Arbeit. Er interessiert sich nicht für die Arbeit, sondern für das Geld. Wenn er bei seiner Arbeit sparen kann, ohne von seinem Gewinn abzuziehen, können Sie sicher sein, dass er es tun wird. Maurer, Landarbeiter, Fabrikarbeiter, wer seine Arbeit nicht liebt, hat kein Interesse und keine Würde und ist ein schlechter Arbeiter. Ein Arzt, der nur auf das Honorar bedacht ist, ist ein Mann, dem man sein Leben nicht anvertrauen sollte, denn was ihn in Bewegung setzt, ist der Wunsch, seinen Geldbeutel mit dem Inhalt Ihres Geldbeutels zu füllen. Wenn es in seinem Interesse liegt, dass Sie länger leiden, ist er in der Lage, Ihre Krankheit zu kultivieren, anstatt Ihre Gesundheit zu stärken. Wer in der Ausbildung der Kinder nur den Profit liebt, den sie bringt, ist ein trauriger Lehrer, denn der Profit ist schlecht, aber seine Ausbildung ist noch schlechter. Was ist ein Söldnerjournalist wert? An dem Tag, an dem Sie nur noch für einen Pfennig schreiben, ist Ihre Prosa nicht einmal mehr diesen Pfennig wert. Je mehr die menschliche Arbeit mit Objekten höherer Natur zu tun hat, desto mehr sterilisiert und korrumpiert sie der Söldnergeist, wenn er eingreift. Man hat tausendmal Recht, wenn man sagt, dass jede Mühe Lohn verdient, dass jeder Mensch, der sich der Erhaltung des Lebens widmet, einen Platz an der Sonne haben sollte, und dass jeder, der nichts Nützliches tut, seinen Lebensunterhalt nicht verdient, mit einem Wort, ein Parasit ist. Es gibt jedoch keinen größeren sozialen Fehler als den, dass der Gewinn zum einzigen Motiv für das Handeln wird. Das

Beste, was wir in unsere Arbeit investieren, sei es durch die Kraft unserer Arme, die Wärme unseres Herzens oder die Anspannung unserer Intelligenz, ist genau das, was uns niemand bezahlen kann. Nichts beweist mehr, dass der Mensch keine Maschine ist, als die Tatsache, dass zwei Männer, die mit den gleichen Kräften und Gesten arbeiten, ganz unterschiedliche Ergebnisse erzielen. Wo liegt die Ursache für dieses Phänomen? In den unterschiedlichen Absichten der beiden. Einer hat den Geist eines Söldners, der andere hat die einfache Seele. Beide erhalten ihren Lohn, aber die Arbeit des einen ist unfruchtbar, während der andere seine Seele in seine Arbeit gesteckt hat. Die Arbeit des einen ist wie ein Sandkorn, das ewig liegen bleibt, ohne dass etwas daraus entsteht, die Arbeit des anderen ist wie ein lebendiger Same, der in den Boden geworfen wird, keimt und bringt Ernte hervor. Es gibt kein anderes Geheimnis, warum so viele Menschen nicht erfolgreich sind, wenn sie die gleichen äußeren Methoden anwenden wie andere. Automaten reproduzieren sich nicht und die Arbeit eines Söldners bringt keine Früchte hervor.

Zweifellos sind wir gezwungen, uns der wirtschaftlichen Tatsache zu beugen und die Schwierigkeiten des Lebens anzuerkennen; von Tag zu Tag wird es dringender, seine Mittel gut zu kombinieren, um seine Familie zu ernähren, zu kleiden, zu beherbergen und zu erziehen. Wer diese zwingenden Notwendigkeiten nicht berücksichtigt, wer nicht kalkuliert und nicht vorausschaut, ist nur ein Erleuchteter oder ein Ungeschickter, der früher oder später denen die Hand reichen muss, deren Sparsamkeit er verachtet. Was würde aus uns werden, wenn diese Art von Sorge uns ganz in Anspruch nähme, wenn wir als perfekte Buchhalter unsere Anstrengungen an dem Geld messen wollten, das sie uns einbringen, wenn wir nichts mehr tun würden, was nicht zu einer Einnahme führt und wenn wir alles, was sich nicht in Zahlen in ein Buch eintragen läßt, als nutzlos oder verlorene Mühe betrachten würden?

Haben unsere Mütter etwas dafür bekommen, dass sie uns geliebt und erzogen haben? Was würde aus unserer kindlichen Pietät werden, wenn wir etwas für die Liebe und Pflege unserer alten Eltern erhalten wollten?

Was bringt es, die Wahrheit zu sagen? Unannehmlichkeiten, manchmal Leiden und Verfolgung. Sein Land zu verteidigen? Mühen, Verletzungen und oft den Tod. Gutes zu tun? Ärger, Undankbarkeit, sogar Groll. Es gibt Hingabe in allen wesentlichen Funktionen der Menschheit. Ich fordere die schlauesten Rechner heraus, sich in der Welt zu behaupten, ohne jemals etwas anderes als Berechnung zu benutzen. Zweifellos werden diejenigen als intelligent bezeichnet, die sich auf das "Knäuel machen" verstehen. Aber schauen Sie genau hin. Wie viele Fäden in ihrem Knäuel haben sie der Hingabe der einfachen Leute zu verdanken? Wären sie erfolgreich gewesen, wenn sie in der Welt nur auf solche Klugscheißer gestoßen wären, deren Motto lautet: Kein Geld, keine Schweiz! Sagen wir es mit Nachdruck: Es sind die wenigen, die nicht zu streng rechnen, die die Welt zusammenhalten. Die schönsten Dienste, die geleistet werden, die härtesten Arbeiten werden im Allgemeinen wenig oder gar nicht entlohnt. Glücklicherweise wird es immer Menschen geben, die bereit sind, uneigennützige Aufgaben zu übernehmen und sogar solche, die nur mit Leiden bezahlt werden und Geld, Ruhe und Leben kosten. Die Rolle dieser Männer ist oft schmerzhaft und nicht ohne Entmutigung. Wer von uns hat nicht schon Berichte über schmerzhafte Erfahrungen gehört, in denen der Erzähler seine frühere Freundlichkeit bedauerte, die Mühe, die er sich gemacht hatte, um dann nur Misserfolge zu ernten. Normalerweise enden solche Vertraulichkeiten mit den Worten: "Ich war dumm genug, dies und jenes zu tun. Manchmal hat man Recht, wenn man sich so beurteilt, weil es immer falsch ist, die Perlen vor die Säue zu werfen, aber wie viele Leben, in denen die einzigen wirklich schönen Taten genau die sind, die man wegen der Undankbarkeit der Menschen bereut. Was man der Menschheit wünschen sollte, ist, dass die Zahl dieser dummen Taten immer größer wird.

Ich komme nun zum Credo des Söldnergeistes. Seine Eigenschaft ist es, kurz zu sein. Für den Söldner sind das Gesetz und die Propheten in diesem einen Axiom enthalten: Mit Geld kann man sich alles beschaffen. Wenn man das soziale Leben oberflächlich betrachtet, ist es offensichtlich. "Kriegsnarbe", "klingender Beweis", "Schlüssel, der alle Türen öffnet", "König der Welt"... Man könnte eine Litanei zusammenstellen, die länger ist als die, die zu Ehren der Jungfrau Maria gesungen wird, wenn man alles aufzählt, was über den Ruhm und die Macht des Geldes gesagt wurde. Man muss selbst einmal mittellos gewesen sein, und sei es nur für einen oder zwei Tage, und versucht haben, in der Welt zu leben, in der wir uns befinden, um sich eine Vorstellung davon zu machen, was einem Menschen mit leerem Geldbeutel fehlt. Ich fordere diejenigen, die Kontraste und unvorhergesehene Situationen mögen, auf, zu versuchen, nur eine halbe Woche lang ohne Geld zu leben, weit weg von ihren Freunden und Bekannten, von der Umgebung, in der sie jemand sind. Sie werden in achtundvierzig Stunden mehr Erfahrungen sammeln als ein etablierter Mann in seinem ganzen Jahr. Leider machen einige diese Erfahrungen gegen ihren Willen und wenn der wahre Ruin über sie hereinbricht, können sie in ihrem Heimatland bleiben, unter den Kameraden ihrer Jugend, ihren ehemaligen Mitarbeitern und sogar ihren Verpflichteten, aber man tut so, als ob man sie nicht mehr kennen würde. Mit welcher Bitterkeit kommentieren sie das Söldner-Credo: Mit Geld kann man alles bekommen, ohne Geld kann man nichts haben. Sie werden zum Ausgestoßenen, zum Aussätzigen, zu dem, von dem sich jeder abwendet. Die Fliegen gehen zu den Leichen, die Menschen gehen zum Geld. Sobald das Geld sich zurückzieht, entsteht ein Vakuum. Das Credo der Söldner hat viele Tränen vergossen - bittere Tränen, blutige Tränen, die von denselben Menschen geweint wurden, die vielleicht einst das goldene Kalb angebetet hatten.

Und doch ist dieses Credo falsch, erzfalsch. Ich werde nicht mit alten Liedern wie dem des reichen Mannes, der sich in der Wüste verirrt hat und nicht einmal einen Tropfen Wasser für sein Geld kaufen kann, oder dem des verfallenen Millionärs, der die Hälfte seines Besitzes hergeben würde, um einem mittellosen, kräftigen Mann seine 20 Jahre und seine robuste Gesundheit abzukaufen, in den Angriff gehen! Ich werde auch nicht versuchen, Ihnen zu beweisen, dass man Glück nicht kaufen kann. So viele Menschen unter denen, die Geld haben und vor allem unter denen, die kein Geld haben, lächeln über diese Wahrheit wie über das abgenutzteste aller Klischees. Aber ich werde an die Erinnerungen und Erfahrungen jedes Einzelnen appellieren, um die grobe Lüge hinter einem Axiom, das von allen wiederholt wird, zu verdeutlichen.

Füllen Sie Ihr Portemonnaie so gut es geht und lassen Sie uns gemeinsam zu einer Wasserstadt fahren, von denen es viele gibt. Ich meine einen dieser ehemals unbekannten Orte voller einfacher, respektvoller und gastfreundlicher Menschen, unter denen es sich gut und ohne große Kosten leben ließ. Der Ruhm der hundert Trompeten hat sie aus dem Schatten geholt und sie gelehrt, wie sie von ihrer Lage, ihrem Klima und ihren Menschen profitieren können. Sie reisen im Glauben an die Dame Renommée ab und hoffen, dass Sie sich mit Ihrem Geld einen ruhigen Rückzugsort schaffen können und fernab der zivilisierten Scheinwelt ein wenig Poesie in Ihren Alltag einweben können.-Der erste Eindruck ist gut: die natürliche Umgebung und einige patriarchalische Bräuche, die nur langsam verschwinden, fallen Ihnen zunächst positiv auf. Aber mit jedem Tag, der vergeht, verschlechtert sich der Eindruck und die Schattenseiten kommen zum Vorschein. Was Sie für authentisch hielten, wie die Möbel einer jahrhundertealten Familie, ist nur ein Trick, um die Leute zum Narren zu halten. Alles ist mit Etiketten versehen, alles ist käuflich, vom Boden bis zu den Bewohnern. Diese primitiven Menschen sind zu den gerissensten Geschäftsleuten geworden. Da Ihr Geld vorhanden ist, haben sie das Problem gelöst, es mit möglichst geringen Kosten zu beschaffen. Es sind nur Schnüre, Fallen, die überall wie Spinnweben gespannt sind und die Fliege, auf die diese Leute in ihrem Loch warten, sind Sie. Das ist es, was zwanzig oder dreißig Jahre Söldnerregime aus einer Bevölkerung gemacht haben, die einst einfach und ehrlich war und deren Kontakt den überarbeiteten Stadtbewohnern gut tat. Das Hausbrot ist verschwunden, die Butter kommt aus der Fabrik, sie kennen die Methode zum Abschöpfen von Milch und die neuesten Rezepte zum Verfälschen von Wein, sie haben alle Laster der Stadtbewohner minus deren Tugenden.

Als Sie gehen, zählen Sie Ihr Geld. Es fehlt viel und Sie beschweren sich. Sie haben Unrecht. Die Überzeugung, dass es Dinge gibt, die man sich nicht für Geld kaufen kann, kann man nie zu teuer kaufen.

Sie brauchen einen intelligenten und geschickten Angestellten in Ihrem Haus, versuchen Sie diesen seltenen Vogel zu bekommen. Nach dem Prinzip, dass man für Geld alles bekommen kann, müssen Sie, je nachdem, ob Sie mittelmäßige, gewöhnliche, gute, sehr gute oder ausgezeichnete Gehälter anbieten, mittelmäßige, gewöhnliche, sehr gute oder überragende Mitarbeiter finden. Aber jeder, der sich um die freie Stelle bewirbt, wird in die letzte Kategorie fallen, und er wird vorher Zertifikate zur Unterstützung seiner Ansprüche erworben haben. In neun von zehn Fällen wird sich in der Praxis herausstellen, dass es diesen geschickten Leuten an jeglichem Know-how mangelt. Warum haben sie dann bei Ihnen angeheuert? Sie sollten wahrheitsgemäß antworten, wie es in der Komödie die hochbezahlte Köchin tut, die nichts kann.- Warum haben Sie sich als *Cordon Bleu* eingestellt?-Weil Sie den Pfennig verdienen wollten. Das ist das große Geschäft. Sie werden immer Leute finden, die gerne hohe Gehälter beziehen. Seltener werden Sie Fähigkeiten finden. Und wenn Sie Redlichkeit brauchen, werden die Schwierigkeiten zunehmen. Söldner werden Sie leicht finden, Hingabe ist eine andere Sache. Es liegt mir fern, die Existenz von engagierten Dienern, ehrlichen und intelligenten Angestellten zu leugnen. Aber Sie werden genauso viele und manchmal sogar mehr von ihnen unter den schlecht bezahlten wie unter den hoch bezahlten finden. Und ganz gleich, wo sie anzutreffen sind, Sie können sicher sein, dass sie nicht aus Eigennutz engagiert sind, sondern weil sie sich einen Grundstock an Einfachheit bewahrt haben, der sie zur Selbstverleugnung befähigt.

Es wird auch überall wiederholt, dass Geld der Nerv des Krieges ist. Zweifellos kostet der Krieg viel Geld und wir wissen davon ein Lied zu singen. Heißt das, dass es ausreicht, wenn ein Land reich ist, um sich gegen seine Feinde zu verteidigen und seiner Flagge Ehre zu machen? Die Griechen haben den Persern den Beweis für das Gegenteil geliefert und dieser Beweis wird in der Geschichte immer wieder erbracht werden. Mit Gold kann man Schiffe, Kanonen und Pferde kaufen, aber man kann kein militärisches Genie, keine politische Weisheit, keine Disziplin und keinen Enthusiasmus kaufen. Geben Sie Ihren Anwerbern Milliarden in die Hand und beauftragen Sie sie, Ihnen einen großen Hauptmann und eine Armee von Sansculotten zu bringen. Sie werden hundert Hauptmänner für einen und tausend Soldaten finden, aber schicken Sie sie ins Feuer: Sie werden einen guten Gegenwert für Ihr Geld bekommen.

Zumindest könnte man sich vorstellen, dass es mit Geld möglich ist, das Elend zu lindern und Gutes zu tun. Leider ist auch dies eine Illusion, von der wir uns verabschieden müssen. Geld, ob in großen oder kleinen Summen, ist ein Samen, der Missbrauch hervorbringt. Wenn Sie nicht Intelligenz, Güte und eine große Erfahrung mit Menschen hinzufügen, werden Sie nur Schaden anrichten und riskieren, dass diejenigen, die Ihre Geschenke erhalten und diejenigen, die Sie beauftragt haben, sie zu verteilen, korrumpiert werden.

Geld kann nicht alles sein, es ist eine Macht, aber es ist nicht die Allmacht. Nichts macht das Leben komplizierter, nichts demoralisiert den Menschen, nichts verzerrt das normale Funktionieren der Gesellschaft so sehr wie die Entwicklung des Söldnergeistes. Überall, wo er herrscht, wird jeder von jedem betrogen. Man kann sich auf nichts und niemanden mehr verlassen, man kann nichts mehr erreichen, was von Wert ist. Wir sind keine Kritiker des Geldes, aber es muss das allgemeine Gesetz gelten: Alles an seinem Platz, alles an seinem Rang! Wenn das Geld, das ein Diener sein sollte, zu einer tyrannischen Macht wird, die das moralische Leben, die Würde und die Freiheit missachtet, wenn die einen versuchen, es um jeden Preis zu bekommen und auf den Markt bringen, was keine Ware ist, wenn die anderen, die Reichtum besitzen, sich einbilden, sie könnten von anderen etwas bekommen, was niemand verkaufen oder kaufen darf, dann müssen wir uns gegen diesen groben und kriminellen Aberglauben auflehnen und laut "Betrug" rufen: dein Geld soll mit dir untergehen! Das Kostbarste, was der Mensch besitzt, hat er in der Regel umsonst erhalten, daher sollte er es auch umsonst geben.

IX. Reklamation und unbekanntes Gut.

Eine der größten Kindereien dieser Zeit ist die Liebe zum Reklamewesen. Durchbrechen, bekannt werden, aus dem Dunkel herauskommen, einige sind so sehr von diesem Wunsch verzehrt, dass man sie zu Recht als von der Werbeflut befallen erklären kann. In ihren Augen ist die Dunkelheit die Schande schlechthin, daher tun sie alles, um bemerkt zu werden. Sie sehen sich in ihrer unbemerkten Existenz als verlorene Wesen, vergleichbar mit Schiffbrüchigen, die in einer stürmischen Nacht auf einen einsamen Felsen geworfen werden und die sich auf Geschrei, Knall, Feuer und jedes erdenkliche Signal verlassen, um jemanden wissen zu lassen, dass sie da sind. Nicht nur, dass sie unschuldige Knallkörper und Raketen abfeuern, viele von ihnen haben sich sogar zu einem Verbrechen hinreißen lassen, um um jeden Preis bekannt zu werden. Der Brandstifter Erostratus hat viele Anhänger gefunden. Wie viele aus dieser Zeit wurden nur berühmt, weil sie etwas Markantes zerstörten, einen berühmten Ruf zerstörten oder zu zerstören versuchten, sich durch einen Skandal, eine Bosheit oder eine aufsehenerregende Barbarei bemerkbar machten.

Die Gier nach Ruhm ist nicht nur in den Köpfen derer, die nicht ganz dicht sind, oder in der Welt der dubiosen Finanziers, Scharlatane und Kabarettisten aller Ränge zu finden, sondern hat sich in allen Bereichen des geistigen und materiellen Lebens ausgebreitet. Politik, Literatur, Wissenschaft und, was noch schockierender ist, Wohltätigkeit und Religion wurden von Reklame befallen. Die Trompete wird für gute Werke geblasen und um die Seelen zu bekehren, werden schrille Praktiken erdacht. Das Lärmfieber setzte seine Verheerungen fort und drang in sonst stille Rückzugsorte vor, verwirrte die ruhigen Gemüter und verfälschte in großem Maße die Aktivität für das Gute. Der Missbrauch, alles zu zeigen oder vielmehr zur Schau zu stellen, die zunehmende Unfähigkeit, das Verborgene zu schätzen und die Gewohnheit, den Wert der Dinge am Lärm zu messen, den sie verursachen, hat schließlich das Urteilsvermögen der seriösesten Menschen beeinträchtigt und man fragt sich manchmal, ob die Gesellschaft sich nicht in einen großen Jahrmarkt verwandeln wird, auf dem jeder vor seiner eigenen Bude trommelt.

Man verlässt gerne den Staub und die unerträgliche Kakophonie der Jahrmärkte, um in einem abgelegenen Tal zu atmen und ist überrascht, wie klar der Bach, wie unauffällig der Wald und wie angenehm die Einsamkeit ist. Gott sei Dank gibt es noch unberührte Zufluchtsorte. Wie groß der Lärm auch sein mag, wie ohrenbetäubend das Gedränge, in dem die Stimmen der Witzbolde aufeinanderprallen, all dies führt nicht über eine bestimmte Grenze hinaus, dann beruhigt es sich und erlischt. Das Gebiet der Stille ist größer als das des Lärms und das ist unser Trost.

Setzen wir unseren Fuß auf die Schwelle dieser unendlichen Welt, die von dem unbekannten Gut, der stillen Arbeit bewohnt wird. Wir werden sofort von der Faszination ergriffen, die der Anblick des unberührten Schnees, auf dem niemand seine Schritte setzte, der Blumen der Einsamkeit und der verlorenen Pfade, die zu den grenzenlosen Horizonten zu führen scheinen, ausübt.

Die Welt ist so aufgebaut, dass die Triebfedern der Arbeit, die aktivsten Akteure überall verborgen sind. Die Natur verdeckt ihre Arbeit mit einer Art Koketterie. Man muss sich die Mühe machen, ihr aufzulauern und sie zu überraschen, wenn man mehr als nur Ergebnisse beobachten und in die Geheimnisse ihrer Labors eindringen will. Auch in der menschlichen Gesellschaft bleiben die Kräfte, die für das Gute wirken, unsichtbar und auch im Leben eines jeden von uns ist das Beste, was wir haben, nicht mitteilbar und tief in uns selbst verborgen. Je stärker die Gefühle sind, die mit der Wurzel unseres Wesens verschmelzen, desto weniger suchen sie nach Zurschaustellung; sie würden glauben, dass sie entweiht werden, wenn sie sich in die Öffentlichkeit begeben. Es ist eine geheime und unaussprechliche Freude, eine innere Welt zu besitzen, die nur Gott kennt und von der wir dennoch den Impuls, den Schwung, die tägliche Erneuerung unseres Mutes und die stärksten Motive für unser Handeln nach außen erhalten. Wenn dieses innere Leben an Intensität verliert, wenn der Mensch es vernachlässigt, um die Oberfläche zu pflegen, verliert er an Wert, was er an Äußerlichkeiten gewinnt. Es ist ein trauriges Verhängnis, dass wir oftmals weniger wert sind, wenn wir mehr bewundert werden. Und wir bleiben davon überzeugt, dass das Beste in der Welt das ist, was wir nicht wissen, denn nur diejenigen wissen es, die es besitzen, und wenn sie es sagen würden, würden sie ihm auch seinen Duft nehmen.

Einige leidenschaftliche Naturliebhaber lieben die Natur vor allem zu Hause in den entlegenen Winkeln, im Wald, in den Furchen, überall dort, wo der Erstbeste sie nicht betrachten darf. Sie können tagelang bleiben und Zeit und Leben vergessen, um in den unberührten Einsamkeiten einen Vogel zu beobachten, der sein Nest baut oder seine Brut füttert, oder ein Wild, das sich anmutig tummelt. So muss man das Gute bei ihm suchen, wo es keine Zwänge, keine Posen oder Galerien gibt, sondern die einfache Tatsache eines Lebens, das darin besteht, das sein zu wollen, was es sein soll, ohne sich um etwas anderes zu kümmern.

Es sei uns gestattet, hier einige Beobachtungen zu machen, die wir aus dem Leben gegriffen haben. Da sie anonym bleiben, können sie nicht als indiskret angesehen werden.

In meinem Heimatland, dem Elsass, gibt es auf einer einsamen Straße, deren endloses Band sich unter den Wäldern der Vogesen fortsetzt, einen Steinbrecher, den ich seit dreißig Jahren bei seiner Arbeit sehe. Als ich ihn zum ersten Mal sah, war ich als junger Schüler auf dem Weg in die große Stadt und hatte ein schweres Herz. Der Anblick dieses Mannes tat mir gut, denn er summte ein Lied, während er Steine spaltete. Wir wechselten ein paar Worte und er sagte zum Schluss: "Komm, mein Junge, viel Glück und Erfolg". Seitdem bin ich immer wieder auf dieser Straße gefahren, in den verschiedensten Situationen, ob schmerzhaft oder fröhlich. Der

Schuljunge hat seinen Weg gemacht, der Steinbrecher ist geblieben, was er war: er hat einige zusätzliche Vorsichtsmaßnahmen gegen das Wetter der Jahreszeiten getroffen, eine Strohmatte schützt seinen Rücken und sein Filz scheint weiter nach vorne gerutscht zu sein, um den Kopf besser zu schützen. Aber der Wald hallt immer noch das Echo seines tapferen Hammers zurück. Wie viele Stürme, armer alter Mann, sind über sein Rückgrat hinweggefegt, wie viele widrige Schicksale über sein Leben, seine Familie, sein Land! Er bricht immer noch seine Steine und ob ich komme oder gehe, ich finde ihn am Straßenrand, lächelnd trotz des Alters und der Falten, wohlwollend und vor allem an schlechten Tagen mit diesen einfachen Worten eines guten Mannes, die so viel Wirkung haben, wenn man sie beim Steinebrechen skandiert.- Es wäre mir völlig unmöglich, die Rührung auszudrücken, die der Anblick dieses einfachen Mannes bei mir auslöst. Er ist sich dessen gewiss nicht bewusst. Ich kenne keinen tröstlicheren und gleichzeitig härteren Anblick für die Eitelkeit, die in unseren Herzen gärt, als die Konfrontation mit einem obskuren Arbeiter, der sein Werk tut, wie die Eiche wächst und wie der liebe Gott seine Sonne aufgehen lässt, ohne sich darum zu kümmern, wer ihn beobachtet.

Ich habe auch viele alte Lehrer und Lehrerinnen kennengelernt, die ihr Leben mit der immer gleichen Aufgabe verbracht haben, die Grundlagen des menschlichen Wissens und einige Verhaltensgrundsätze in Köpfe zu bringen, die manchmal härter als Steine sind. Sie taten dies mit ihrer Seele, während sie eine mühsame Karriere durchliefen, in der die Aufmerksamkeit der Menschen wenig Platz hatte. Wenn sie sich in ihr unbekanntes Grab legen, wird sich niemand an sie erinnern, außer ein paar Demütige wie sie. Doch ihre Belohnung liegt in ihrer Liebe; niemand ist größer als diese Unbekannten.

Wie viele obskure Tugenden kann man entdecken, wenn man in einer bestimmten Kategorie von Menschen sucht, die man oft lächerlich gemacht hat, ohne daran zu denken, dass man sich damit gleichzeitig der Grausamkeit, der Undankbarkeit und der Dummheit schuldig gemacht hat. Ich spreche von alten Jungfern. Es wird gerne darauf hingewiesen, dass es einige von ihnen gibt, die durch ihr Kostüm und ihren Gang überraschen, was keine Konsequenzen nach sich zieht; man erinnert sich auch gerne daran, dass es andere gibt, die sehr persönlich sind und sich für alles andere interessieren, außer für ihre Bequemlichkeit und das Wohlergehen eines Girlitzes, einer Katze oder eines Makaken, in dem ihre Gefühlskräfte aufgegangen sind, und diese stehen den härtesten Junggesellen des starken Geschlechts an Egoismus sicherlich nicht nach. Was jedoch oft übersehen wird, ist die Summe an Opferbereitschaft, die sich im Leben so vieler einfach bewundernswerter alter Jungfern verbirgt. Ist es denn nichts, kein Zuhause, keine Liebe, keine Zukunft und keinen Ehrgeiz für sich selbst zu haben; das Kreuz der Einsamkeit auf sich zu nehmen, das so schwer zu tragen ist, besonders wenn zur äußeren Einsamkeit noch die des Herzens hinzukommt; sich selbst zu vergessen, um auf der Erde kein Interesse mehr zu haben als das der alten Eltern, der verwaisten jungen Neffen, der Armen, der Krüppel und all derer, die der brutale Mechanismus des Lebens als Schlacke aussortiert? Von außen betrachtet haben diese fast ausgelöschten Existenzen nur wenig Glanz, sie erregen eher Mitleid als Neid. Diejenigen, die sich ihnen mit Respekt nähern, erahnen manchmal schmerzhafte Geheimnisse, große vergangene Prüfungen, schwere Lasten, unter denen sich zu schwache Schultern beugen, aber dies ist nur die Schattenseite. Man sollte diesen Reichtum des Herzens, diese reine Güte, diese Kraft zu lieben, zu trösten, zu hoffen, diese freudige Selbsthingabe, diese unbesiegbare Hartnäckigkeit in Sanftmut und Vergebung, selbst gegenüber denen, die es nicht wert sind, schätzen können. Arme alte Mädchen, wie viele Schiffbrüchige haben Sie gerettet, wie viele Verwundete geheilt, wie viele Verirrte aufgelesen, wie viele Elende gekleidet, wie viele Waisen aufgenommen, wie viele Menschen, die allein auf der Welt wären, wenn sie Sie nicht hätten, Sie, die Sie oft niemanden haben! Ich täusche mich. Jemand kennt Sie; es ist die große, unbekannte Gnade, die über unser Leben wacht und unter unserem Unglück leidet. Vergessen wie Sie und oft gelästert, hat sie Ihnen einige ihrer heiligsten Botschaften anvertraut und das ist wohl der Grund, warum man manchmal auf Ihrem diskreten Weg glaubt, den Flügelschlag der helfenden Engel zu spüren.

Das Gute verbirgt sich in so vielen verschiedenen Formen, dass es oft genauso schwer zu entdecken ist, wie die am besten versteckten Missetaten. Ein russischer Arzt, der zehn Jahre seines Lebens in Sibirien verbracht hatte und aus politischen Gründen zu Zwangsarbeit verurteilt worden war, erzählte gerne von der Großzügigkeit, dem Mut und der Menschlichkeit, die er nicht nur bei mehreren Verurteilten, sondern auch bei den Aufsehern beobachtet hatte. Man ist versucht zu sagen: "Wo wird sich das Gute einnisten? Und in der Tat bietet das Leben große Überraschungen und verwirrende Kontraste. Es gibt gute Menschen, die offiziell als solche anerkannt sind, die in ihrem Umfeld hoch angesehen sind, ich würde fast sagen, die von der Regierung oder der Kirche garantiert werden, denen man absolut nichts vorwerfen kann, außer dass sie ein trockenes und hartes Herz haben, während man erstaunt ist, bei einigen gefallenen Menschen echte Zärtlichkeit und einen Durst nach Hingabe zu finden.

Gestatten Sie mir nun, im Zusammenhang mit dem ignorierten Gut über Menschen zu sprechen, die heute mit der größten Ungerechtigkeit behandelt werden - reiche Menschen. Einige glauben, dass sie alles gesagt haben, als sie das berüchtigte Kapital verunglimpften. Für sie sind alle, die ein großes Vermögen besitzen, Ungeheuer, die sich mit dem Blut der Unglücklichen vollgesogen haben. Andere, die weniger deklamatorisch sind, verwechseln Reichtum ständig mit Egoismus und Gefühllosigkeit. Diese unbeabsichtigten oder kalkulierten Fehler müssen korrigiert werden. Zweifellos gibt es Reiche, die sich um niemanden kümmern, und andere, die nur aus Protz Gutes tun. Das wissen wir aus anderen Quellen. Aber nimmt ihr unmenschliches oder heuchlerisches Verhalten dem Guten, das andere tun und das sie oft mit einer so perfekten Schamhaftigkeit verbergen, seinen Wert?

Ich kannte einen Mann, dem alle möglichen Unglücksfälle widerfahren waren, die uns in unseren Gefühlen treffen können. Er hatte eine geliebte Frau verloren und alle seine Kinder in unterschiedlichem Alter nacheinander beerdigt. Aber er besaß ein großes Vermögen, das Ergebnis seiner Arbeit. Er lebte in extremer Einfachheit, fast ohne Bedürfnisse für sich selbst und verbrachte seine Zeit damit, nach Gelegenheiten zu suchen, Gutes zu tun und diese zu nutzen. Was er an Menschen in schändlicher Armut ertappte, was er an Mitteln kombinierte, um Not zu lindern, ein wenig Licht in dunkle Leben zu bringen und Freunde freundlich zu überraschen, kann sich niemand vorstellen. Seine Freude war es, anderen Gutes zu tun und sich an ihrer Überraschung zu erfreuen, wenn sie nicht wussten, woher der Schlag kam. Er genoss es, die Ungerechtigkeiten des Schicksals auszugleichen und Familien, die vom Pech verfolgt wurden, zu Tränen des Glücks zu rühren. Er schmiedete ständig Komplotte, schmiedete Pläne, trieb im Verborgenen sein Unwesen, mit einer kindlichen Angst, auf frischer Tat ertappt zu werden. Der beste Teil seiner Heldentaten wurde erst nach seinem Tod bekannt und wie viel davon wird nie bekannt werden.

Er war ein wahrer Teilhaber, denn es gibt zwei Arten von Teilhabern. Es gibt viele vulgäre Menschen, die danach streben, sich einen Teil des Eigentums anderer anzueignen. Um dazu zu gehören, muss man nur einen großen Appetit haben. Diejenigen, die danach streben, ihren eigenen Besitz mit denen zu teilen, die keinen haben, sind selten und wertvoll, denn um in diese elitäre Gesellschaft aufgenommen zu werden, muss man ein tapferes und würdiges Herz haben, das von sich selbst losgelöst ist und sowohl das Glück als auch das Unglück seiner Mitmenschen wahrnimmt. Glücklicherweise ist die Rasse dieser Teilhaber noch nicht ausgestorben und ich empfinde eine ungetrübte Freude, ihnen eine Ehrung zu erweisen, die sie nicht beanspruchen.

Es tut mir leid, dass ich darauf bestehe. Es ist gut, sich von so vielen Schandtaten, so viel Verleumdung, so viel Pessimismus und so viel Scharlatanerie zu befreien, indem man seine Augen auf etwas Schönerem ruhen lässt und den Duft dieser verlorenen Winkel einatmet, in denen die einfache Güte blüht. Eine ausländische Dame, die wahrscheinlich nicht an das Pariser Leben gewöhnt war, erzählte mir vor kurzem, wie sehr sie den Anblick, der sich hier ihren Augen bot, verabscheute: die hässlichen Plakate, die bösen Zeitungen, die Frauen mit gefärbten Haaren, die Menge, die sich zu den Rennen, den Konzert-Cafés, dem Glücksspiel, der Korruption, all diese Flut des oberflächlichen und mondänen Lebens stürzte. Sie erwähnte das Wort Babylon nicht, aber wahrscheinlich aus Mitleid mit einem der Bewohner dieser Stadt des Verderbens.- Ach ja, das sind traurige Dinge, Madame, aber Sie haben nicht alles gesehen.-Gott bewahre! entgegnete sie.- Nein, ich wünschte, Sie könnten alles sehen, denn wenn es auch hässliche Unterwäsche gibt, so gibt es doch so tröstliche. Und hier, wechseln Sie einfach das Viertel oder schauen Sie zu anderen

Zeiten. Schauen Sie sich das morgendliche Paris an, es wird Ihnen viele Anhalts-
punkte liefern, um Ihre Eindrücke über das nachtschwärmende Paris zu korrigieren.
Sehen Sie sich unter den vielen anderen Arbeitern die braven Straßenkehrer an, die
zu der Zeit aus dem Haus gehen, zu der sich die Hochzeitsreisenden und die Schne-
cken zurückziehen. Sehen Sie unter den Lumpen diese Karyatidenkörper, diese
strengen Gestalten! Wie ernst sie die Reste des nächtlichen Festmahls wegfegen! Sie
sehen aus wie Propheten an der Schwelle zu Balthasar. Es gibt hier Frauen und viele
alte Männer. Wenn es kalt wird, blasen sie in ihre Finger und fangen wieder an zu
schuften. Und so geht es jeden Tag weiter. Gehen Sie dann in die Vororte, in die
Werkstätten, besonders in die kleinen, wo der Chef genauso arbeitet wie der Arbeiter. Sehen Sie, wie das Heer der Arbeiter an die Arbeit geht. Wie tapfer die jungen
Mädchen sind und wie fröhlich sie von ihren entfernten Wohnorten in die Werkstätten, Geschäfte und Büros der Stadt hinuntergehen.-Besuchen Sie dann die Innenräume und sehen Sie die Frauen des Volkes bei der Arbeit. Der Lohn ist bescheiden,
die Wohnung eng, die Kinder zahlreich und der Mann ist oft hart. Sammeln Sie Bio-
graphien von kleinen Leuten, Budgets von kleinen Haushalten, schauen Sie lange
und genau hin.

Gehen Sie dann zu den Studenten. Diejenigen, die Sie auf den Straßen so skan-
dalös gesehen haben, sind zahlreich, aber die, die arbeiten, sind Legion. Sie bleiben
nur zu Hause und werden ignoriert. Wenn Sie wüssten, wie viel im Quartier Latin
gearbeitet wird! Sie haben die Zeitungen gesehen, die voll von dem Lärm sind, den
eine gewisse Jugend macht, die sich selbst als lernwillig bezeichnet. Die Zeitungen
berichten zwar über diejenigen, die Fenster einwerfen, aber warum sollten sie über
diejenigen berichten, die lange über die Probleme der Wissenschaft oder der
Geschichte wachen? Das würde die Öffentlichkeit nicht interessieren. Wenn manchmal einer von ihnen, ein Medizinstudent, als Opfer seiner beruflichen Pflicht stirbt,
wird dies in zwei Zeilen in den öffentlichen Blättern erwähnt. Eine Schlägerei unter
Betrunkenen nimmt eine halbe Spalte ein. Die kleinsten Details werden festgehalten
und gestreichelt. Es fehlt nur noch das Porträt der Helden, und nicht einmal immer!

Ich würde nicht aufhören, wenn ich Ihnen sagen wollte, was Sie alles sehen
müssten, um alles zu sehen; Sie müssten die ganze Gesellschaft durchgehen, reich
und arm, gelehrt und ungelehrt. Dann würden Sie sicherlich nicht mehr so streng
urteilen. Paris ist eine Welt und wie in der Welt im Allgemeinen, versteckt sich das
Gute und das Böse stolziert herum. Wenn man sich die Oberfläche ansieht, fragt
man sich manchmal, wie es möglich ist, dass es so viele Schurken gibt. Wenn man
jedoch auf den Grund geht, ist man erstaunt, dass es in diesem gequälten, dunklen
und manchmal schrecklichen Leben so viele Tugenden geben kann!

Aber warum sollte ich mich mit diesen Dingen beschäftigen? Ist das nicht
Reklame für diejenigen, die es verabscheuen?- So sollten Sie mich nicht verstehen.
Mein Ziel ist es, auf das unbekannte Gute aufmerksam zu machen und es vor allem
lieben und praktizieren zu lassen. Der Mensch ist verloren, wenn er sich an dem

erfreut, was glänzt und ins Auge sticht: erstens, weil er sich damit der Gefahr aussetzt, vor allem das Schlechte zu sehen; zweitens, weil er sich daran gewöhnt, nur das Gute zu bemerken, was die Blicke auf sich zieht und weil er leicht der Versuchung erliegt, zu leben, um zu erscheinen. Man muss sich nicht nur mit der Dunkelheit abfinden, sondern sie auch lieben, wenn man nicht langsam auf die Stufe eines Statisten rutschen will, der seine Haltung nur unter den Augen der Zuschauer wahrt und sich hinter der Bühne für die Einschränkungen entschädigt, die er sich auf der Bühne auferlegt hat. Wir haben es hier mit einem der wesentlichen Elemente des moralischen Lebens zu tun. Und was wir sagen, ist nicht nur wahr für die sogenannten Demütigen, deren Schicksal es ist, nicht bemerkt zu werden. Es gilt auch und viel mehr für die Hauptrollen. Wenn Sie nicht eine glänzende Nutzlosigkeit sein wollen, ein Mann mit Elan und Streifen, der nichts auf dem Kasten hat, müssen Sie Ihre erste Rolle mit dem Geist der Einfachheit des unscheinbarsten Ihrer Mitarbeiter ausfüllen. Jeder, der nur bei Paraden etwas wert ist, ist weniger als nichts wert. Wenn wir die gefährliche Ehre haben, in der Öffentlichkeit zu stehen und in der ersten Reihe zu gehen, dann sollten wir in unserem Leben das innere Heiligtum des unbekannten Guten mit umso größerer Sorgfalt pflegen. Geben wir dem Gebäude, dessen Fassade unsere Mitmenschen betrachten, ein breites Fundament aus Einfachheit und demütiger Treue. Und dann, bleiben wir den Unbekannten durch Sympathie und Dankbarkeit nahe! Ich nehme all jene als Zeugen, die im menschlichen Bereich die stärkende Erfahrung gemacht haben, dass die im Boden verborgenen Steine das ganze Gebäude tragen. Jeder, der einen gewissen anerkannten und öffentlichen Wert erreicht hat, verdankt dies einigen bescheidenen spirituellen Vorfahren, einigen vergessenen Inspiratoren. Eine kleine Anzahl von guten Menschen, oftmals Bauern, Frauen, Besiegte des Lebens, bescheidene und verehrte Verwandte, verkörpern für uns das schöne und edle Leben. Ihr Beispiel inspiriert und stärkt uns. Die Erinnerung an sie bleibt für immer untrennbar mit unserem Inneren verbunden. Wir sehen sie in schmerzhaften Stunden, mutig und ruhig und unsere Lasten erscheinen uns leichter. Sie stehen dicht um uns herum, eine unsichtbare und geliebte Phalanx, die uns davor bewahrt, zu straucheln und in der Schlacht den Boden unter den Füßen zu verlieren und jeden Tag beweisen sie uns, dass der Schatz der Menschheit das Gute ist, das die Welt nicht kennt.

X. Mondänität und häusliches Leben.

Zur Zeit des zweiten Kaiserreichs gab es in einer unserer schönsten Unterpräfekturen in der Provinz, nicht weit von einem Badeort entfernt, der vom Kaiser besucht wurde, einen sehr respektablen und intelligenten Bürgermeister, dem plötzlich der Kopf schwirrte, als er daran dachte, dass das Staatsoberhaupt vielleicht eines Tages in sein Haus kommen würde. Bis zu diesem Zeitpunkt hatte er in dem alten Haus seines Vaters als Sohn gelebt, der die kleinsten Erinnerungen respektierte. Sobald die fixe Idee, den Kaiser der Franzosen zu empfangen, sein Gehirn ergriff, wurde er zu einem anderen Menschen. Alles, was ihm ausreichend und sogar bequem erschienen war, all die Einfachheit, die er von seinen Eltern und Vorfahren geliebt hatte, erschien ihm nun kleinlich, hässlich und verachtenswert. Es war unmöglich, einen Kaiser die Holztreppe hinauf zu schicken, ihn auf den alten Sesseln Platz nehmen zu lassen und ihm zu erlauben, seinen Fuß auf die veralteten Teppiche zu setzen. Der Bürgermeister rief den Architekten und die Maurer, ließ die Wände mit dem Pickel bearbeiten, riss die Trennwände ein und schuf einen Salon, der in Bezug auf Luxus und Größe in keinem Verhältnis zum Rest des Hauses stand. Er zog sich mit seiner Familie in einige enge Räume zurück, in denen sich Menschen und Möbel gegen ihren Willen zusammendrängten und sich gegenseitig behinderten. Dann, nachdem er seinen Geldbeutel geleert und seine Einrichtung umgestaltet hatte, wartete er auf den kaiserlichen Gast. Leider sah er das Ende des Kaiserreichs kommen, aber nicht den Kaiser.

Der Wahnsinn dieses armen Mannes ist nicht so selten, wie man denken könnte. Wie er sind alle, die ihr inneres Leben der Weltlichkeit opfern, verrückt nach dem Gehirn.

Die Gefahr einer solchen Aufopferung ist in hektischen Zeiten am bedrohlichsten. Unsere Zeitgenossen sind ihr ständig ausgesetzt und viele von ihnen fallen ihr zum Opfer. Wie viele Familienschätze wurden umsonst verschwendet, um weltliche Konventionen oder Ambitionen zu befriedigen und das Glück, auf das man sich durch diese unheiligen Opfer vorbereiten wollte, hat immer auf sich warten lassen. Es ist ein betrügerisches Geschäft, das Heim der Familie auszuliefern, gute Traditionen verfallen zu lassen und einfache häusliche Bräuche aufzugeben. Die Stellung des häuslichen Lebens in der Gesellschaft ist so groß, dass eine Schwächung desselben ausreicht, um den gesamten sozialen Organismus zu stören. Um sich normal entwickeln zu können, benötigt dieser Organismus gut geformte Individuen, die ihren eigenen Wert und ihre persönliche Note haben. Andernfalls wird die Gesellschaft zu einer Herde und manchmal zu einer Herde ohne Hirten. Aber woher soll der Einzelne seine Originalität nehmen, dieses einzigartige Etwas, das zusammen mit den Unterscheidungsmerkmalen der anderen den Reichtum und die Stärke einer Umgebung ausmacht? Er kann es nur in der Familie finden. Wenn Sie diese Konstellation von Praktiken und Erinnerungen zerstören, die jedes Haus zu einem Miniaturklima machen, versiegen die Quellen des Charakters und Sie kappen die Wurzeln des öffentlichen Geistes.

Es ist wichtig für das Land, dass jedes Heim eine tiefe, respektierte Welt ist, die ihren Mitgliedern eine unauslöschliche moralische Prägung vermittelt. Bevor wir fortfahren, sollten wir ein Missverständnis ausräumen. Der Familiengeist hat, wie alle schönen Dinge, seine Karikatur, die als häuslicher Egoismus bezeichnet wird. Manche Familien sind wie eine geschlossene Zitadelle, in der man sich für die Ausbeutung der Außenwelt organisiert hat. Alles, was sie selbst nicht direkt betrifft, ist ihnen gleichgültig. Sie befinden sich in der Gesellschaft, in der sie leben, in einem Zustand von Siedlern, ich würde fast sagen Eindringlingen. Ihr Partikularismus ist so übertrieben, dass sie zu Feinden der Menschheit werden. Im Kleinen ähneln sie den mächtigen Gesellschaften, die sich im Laufe der Geschichte von weit her gebildet haben, die das Weltreich an sich rissen und für die nichts anderes zählte als sie selbst. Es ist dieser Geist, der die Familie manchmal als einen Hort des Egoismus betrachtet hat, der für das Heil der Gesellschaft zerstört werden muss. Aber so wie es einen Abgrund zwischen dem Geist des Korps und dem Geist der Partei gibt, so gibt es auch einen Abgrund zwischen dem Geist der Familie und dem Geist des Familienklüngels.

Dies ist der Geist der Familie, um den es hier geht. Nichts auf der Welt ist besser. Denn er enthält im Keim all die großen und einfachen Tugenden, die die Dauer und die Macht der sozialen Institutionen sichern. Die Grundlage des Familiengeistes ist der Respekt vor der Vergangenheit, denn das Beste, was eine Familie hat, sind die gemeinsamen Erinnerungen. Diese Erinnerungen sind ein unantastbares, unteilbares und unveräußerliches Kapital und stellen ein heiliges Depot dar. Jedes Familienmitglied muss sie als das Wertvollste betrachten, was es besitzt. Sie existieren in zwei Formen: in der Idee und in der Tat. Sie begegnen uns in der Sprache, in den Gedankengängen, in den Gefühlen und sogar in den Instinkten. Und in materieller Form werden sie durch Porträts, Möbel, Gebäude, Kostüme und Lieder repräsentiert. In den Augen von Laien ist dies nichts, in den Augen derjenigen, die die Dinge des Familienlebens zu schätzen wissen, sind es Reliquien, die um keinen Preis aufgegeben werden dürfen.

Aber was passiert im Allgemeinen in der Welt, in der wir leben? Die Weltlichkeit führt Krieg gegen den Familiengeist. Alle Kämpfe sind ergreifend, ich kenne keinen spannenderen als diesen.- Durch große und kleine Mittel, durch alle Arten von neuen Gewohnheiten, Forderungen und Ansprüchen dringt der weltliche Geist in das häusliche Heiligtum ein. Welche Rechte hat der Fremde, welche Titel? Worauf kann er seine unwiderruflichen Ansprüche stützen? Diese Frage wird in der Regel nicht gestellt. Das ist falsch. Wir verhalten uns gegenüber dem Eindringling wie die armen, einfachen Leute gegenüber einem prunkvollen Besucher. Für diesen lästigen Tagesgast plündern sie ihren Garten, stopfen ihre Hausangestellten und Kinder voll und vernachlässigen ihre Arbeit. Ein ungerechtes und ungeschicktes Verhalten. Man muss den Mut haben, vor jedermann so zu bleiben, wie man ist.

Der weltliche Geist hat alle Unverschämtheiten. Hier ist ein einfaches Interieur, das einen markanten Charakter geformt hat und noch immer formt. Die Menschen, die Möbel, die Gewohnheiten, alles ist hier vereint. Durch Heirat, geschäftliche oder vergnügliche Beziehungen dringt der weltliche Geist in dieses Haus ein. Er findet alles alt, unbeholfen und naiv. Es fehlt an Modernität. Zunächst beschränkt er sich auf Kritik, auf geistreichen Spott. Aber dies ist der gefährlichste Moment. Passen Sie auf sich auf, hier ist der Feind! Wenn Sie sich auch nur im Geringsten von seinen Argumenten beeinflussen lassen, werden Sie morgen ein Möbelstück opfern, übermorgen eine gute alte Tradition und nach und nach werden die geliebten Reliquien des Herzens, die vertrauten Gegenstände und mit ihnen die kindliche Pietät zum Trödelhändler wandern.

In den neuen Gewohnheiten und der veränderten Umgebung werden Ihre Freunde von früher und Ihre alten Verwandten aus dem Gleichgewicht geraten. Sie werden einen Schritt weiter gehen, wenn Sie sie aus dem Weg räumen: die Weltlichkeit schafft die Alten ab. Mit einer völlig neuen Umgebung werden Sie selbst überrascht sein, sich dort zu sehen. Es wird Sie an nichts erinnern, aber es wird korrekt sein und zumindest der mondäne Geist wird zufrieden sein. Leider ist es genau das, was Sie täuscht. Nachdem man Sie dazu gebracht hat, Ihre reinen Schätze wie Schrott zu entsorgen, wird man Sie in Ihrer neuen Livree geliehen vorfinden und sich beeilen, Sie die ganze Lächerlichkeit einer solchen Situation spüren zu lassen. Es wäre besser gewesen, wenn Sie von Anfang an den Mut gehabt hätten, Ihre Meinung zu vertreten und Ihr Inneres zu verteidigen.

Viele junge Menschen geben bei der Heirat den Einflüssen des weltlichen Geistes nach. Ihre Eltern hatten ihnen das Beispiel eines bescheidenen Lebens gegeben, aber die neue Generation glaubt, dass sie ihr Recht auf Existenz und Freiheit durch die Ablehnung einer in ihren Augen zu patriarchalischen Lebensweise geltend machen kann. Sie versuchen, sich nach der neuesten Mode einzurichten, viel Geld auszugeben und sich von nützlichen Dingen zu einem niedrigen Preis zu trennen. Anstatt das Haus mit Dingen zu füllen, die uns sagen: "Erinnere dich!", wird es mit brandneuen Möbeln ausgestattet, an die noch kein Gedanke geknüpft ist. Ich täusche mich, diese Gegenstände sind oft wie Symbole für ein leichtes und oberflächliches Leben. Man atmet in ihrer Mitte irgendeinen berauschenden Dampf der Weltlichkeit. Sie erinnern an das Leben draußen, an den großen Zug, den Wirbelwind. Und selbst wenn man bereit ist, sie manchmal zu vergessen, bringen sie die Gedanken zurück und sagen uns in einem anderen Sinn: "Erinnere dich, vergiss nicht die Zeit des Clubs, der Aufführungen und der Rennen. Das Innere des Hauses wird so organisiert, dass es zu einem "pied-à-terre" wird, wo man sich zwischen zwei längeren Abwesenheiten ausruhen kann. Es ist kein guter Ort, um lange zu bleiben. Da es keine Seele hat, kann es nicht mit der Seele sprechen. Es gibt Zeit zum Schlafen und Essen und dann muss man es schnell verlassen. Man wird schläfrig und häuslich.

Jeder kennt Menschen, die sich nach draußen drängen, die glauben, dass die Welt stehen bleibt, wenn sie nicht überall zu finden sind. Zu Hause zu bleiben ist für sie das Schlimmste, sie können sich dort nicht einmal als Maler sehen. Der Horror vor dem Leben in geschlossenen Räumen hält sie so sehr fest, dass sie lieber für die Langeweile draußen bezahlen, als sich zu Hause kostenlos zu amüsieren.

Nach und nach driftet eine Gesellschaft in das Herdenleben ab, das nicht mit dem öffentlichen Leben verwechselt werden sollte. Das Leben in Herden ist wie das Leben von Fliegenschwärmen in der Sonne. Nichts ähnelt dem weltlichen Leben eines Menschen mehr als das weltliche Leben eines anderen Menschen. Und diese universelle Banalität zerstört das Wesen eines öffentlichen Geistes. Man muss nicht weit reisen, um die Verwüstungen zu sehen, die der Geist der Weltlichkeit in der heutigen Gesellschaft angerichtet hat, und wenn wir so wenig Fonds, Gleichgewicht, ruhigen gesunden Menschenverstand und Initiative haben, dann ist einer der Hauptgründe dafür die Abnahme des Innenlebens. Die Massen sind der schönen Welt gefolgt. Die Menschen sind weltlich geworden. Denn es ist weltlich, wenn man sein Zuhause verlässt, um im Kabarett zu leben. Das Elend und der schlechte Zustand der Häuser reichen nicht aus, um die Strömung zu erklären, die jeden aus dem Haus treibt. Warum verlässt der Bauer das Haus, in dem sein Vater und sein Vorfahre sich so wohl gefühlt haben, für das Gasthaus? Das Haus ist das gleiche geblieben, es brennt das gleiche Feuer im gleichen Kamin, aber warum beleuchtet es nur noch einen unvollständigen Kreis, anstatt der früheren Nachtwachen, in denen Jung und Alt zusammen saßen? Etwas hat sich in den Köpfen der Menschen geändert. Sie haben mit der Einfachheit gebrochen, indem sie ihren ungesunden Begierden nachgegeben haben. Die Väter haben ihre Ehrenämter verlassen, die Frauen vegetieren am einsamen Herd und die Kinder streiten sich, bis sie selbst gehen können.

Wir müssen das Leben im Haus und den Preis der häuslichen Traditionen neu erlernen. Eine fromme Fürsorge hat einige Denkmäler, die einzigen Überbleibsel der Vergangenheit unter uns, geschützt. Ebenso haben alte Kostüme, provinzielle Dialekte und alte Lieder, bevor sie aus der Welt verschwanden, fromme Hände gefunden, um sie zu sammeln. Es ist gut, diese Krümel einer großen Vergangenheit, diese Überbleibsel der Seele der Vorfahren zu bewahren. Lassen Sie uns das gleiche für die Familientraditionen tun, lassen Sie uns so viel wie möglich von dem retten und erhalten, was noch patriarchalisch ist, in welcher Form auch immer.

Aber nicht jeder hat eine Tradition, die er bewahren möchte. Umso mehr sollten wir unsere Bemühungen um die Bildung und Kultivierung des Familienlebens verdoppeln. Dazu müssen Sie weder zahlreich sein, noch müssen Sie viel Platz haben. Um ein Interieur zu schaffen, muss man den Geist eines Interieurs haben. So wie das kleinste Dorf seine Geschichte und seine moralische Prägung haben kann, so kann auch das kleinste Interieur seine Seele haben. Oh, der Geist des Ortes, die Atmosphäre, die uns in den menschlichen Behausungen umgibt! Was für eine geheimnisvolle Welt! Hier werden Sie schon auf der Schwelle von Kälte durchdrungen, Unbehagen macht sich breit. Etwas Unbegreifliches stößt Sie ab. Hier, sobald Sie die Tür hinter sich geschlossen haben, sind Sie von Wohlwollen und guter Laune umgeben. Man sagt, dass die Wände Ohren haben. Sie haben auch ihre Stimme, ihre stumme Beredsamkeit. Über allem, was sich in einem Haus befindet, schwebt der Geist der Menschen. Und ich sehe einen Beweis für die Macht dieses Geistes auch in den Innenräumen von Jungen und Frauen, die isoliert leben. Welch ein Abgrund zwischen einem Zimmer und einem anderen Zimmer! Hier herrscht Trägheit, Gleichgültigkeit, Bodenständigkeit und das Motto des Bewohners ist bis in die Art und Weise, wie er seine Bücher und Fotografien arrangiert, geschrieben: "Alles ist mir gleichgültig". Hier herrscht Lebensfreude, ansteckende Lebendigkeit und der Besucher spürt, dass ihm etwas in tausendfacher Form sagt: Wer auch immer du bist, Gast für eine Stunde, ich will dir Gutes tun, Friede sei mit dir!

Man kann die Macht des Innenlebens nicht genug betonen, den Einfluss einer geliebten und gepflegten Blume auf dem Fenster, den Charme eines alten Sessels, in dem der Großvater saß und seine alten, faltigen Hände den Küssen der kleinen, pausbäckigen Kinder anbot. Arme Moderne, die immer umzieht oder sich verändert! Wir, die wir durch die Veränderung der Gestalt unserer Städte, unserer Häuser, unserer Bräuche und unseres Glaubens nicht mehr wissen, wo wir unseren Kopf hinlegen sollen, sollten die Traurigkeit und die Leere unserer unsicheren Existenz nicht noch vergrößern, indem wir das Leben in den eigenen vier Wänden aufgeben. Lassen Sie uns die Flamme am erloschenen Herd wieder entfachen, schaffen wir uns unverletzliche Schutzräume, warme Nester, in denen Kinder zu Männern werden, in denen die Liebe ein Versteck findet, das Alter eine Ruhepause, das Gebet einen Altar und das Vaterland einen Kult!

XI. Die einfache Schönheit.

Einige mögen im Namen der Ästhetik gegen die Organisation des einfachen Lebens protestieren oder uns die Theorie des nützlichen Luxus entgegenhalten, der die Vorsehung der Geschäfte, die große Ernährerin der Künste und die Zierde der zivilisierten Gesellschaften ist. Wir möchten darauf mit einigen kurzen Bemerkungen antworten.

Sie werden sicherlich bemerkt haben, dass der Geist, der diese Seiten belebt, nicht der Geist der Nützlichkeit ist. Es wäre ein Fehler zu glauben, dass die Einfachheit, die wir anstreben, etwas mit der Einfachheit gemein hat, die sich Geizige aus Geiz und Engstirnige aus falschem Rigorismus auferlegen. Für die ersten ist das einfache Leben ein billiges Leben. Für die anderen ist es ein stumpfes und vegetatives Dasein, bei dem der Verdienst darin besteht, auf alles zu verzichten, was lächelt, glänzt und bezaubert.

Es missfällt uns nicht, dass diejenigen, die über viel Geld verfügen, ihr Vermögen in Umlauf bringen, anstatt es zu horten, und den Handel und die schönen Künste zum Leben erwecken. Schließlich profitieren sie von ihrer privilegierten Situation. Was wir bekämpfen, ist die dumme Verschwendung, der egoistische Gebrauch von Reichtum und vor allem das Streben nach Überflüssigem durch diejenigen, die sich vor allem um das Notwendige kümmern müssen. Der Luxus eines Mäzens kann nicht den gleichen Einfluss auf eine Gesellschaft haben wie der eines gewöhnlichen Genießers, der seine Zeitgenossen mit dem Prunk seines Lebens und der Verrücktheit seiner Verschwendung in Erstaunen versetzt. Ein und derselbe Begriff bezeichnet hier sehr unterschiedliche Dinge. Geld zu säen ist nicht alles; es gibt Arten, Geld zu säen, die den Menschen adeln und andere, die ihn erniedrigen. Geld zu säen setzt voraus, dass man reichlich damit ausgestattet ist. Wenn die Liebe zu einem üppigen Leben diejenigen erfasst, die über begrenzte Mittel verfügen, ändert sich die Frage grundlegend. Und was uns in dieser Zeit auffällt, ist, dass diejenigen, die mit ihrem Besitz sparsam umgehen sollten, ihn gerne ausgeben. Dass Munizipalität eine soziale Wohltat ist, ist eine Tatsache, die wir gerne akzeptieren. Es kann sogar argumentiert werden, dass die Verschwendungssucht einiger Reicher wie ein Ventil ist, um den Überfluss abfließen zu lassen: Wir werden nicht versuchen, dies zu bestreiten. Wir stellen lediglich fest, dass es zu viele Menschen gibt, die das Ventil spielen, obwohl es in ihrem Interesse und ihrer Pflicht wäre, sparsam zu sein: Ihr Luxus und ihre Liebe zum Luxus sind ein privates Unglück und eine öffentliche Gefahr.

So viel zum nützlichen Luxus.

Wir möchten nun die Frage der Ästhetik erläutern, aber in aller Bescheidenheit und ohne in das Gebiet der Spezialisten einzugreifen. Aufgrund einer allzu verbreiteten Illusion werden Einfachheit und Schönheit als Rivalen betrachtet. Aber einfach ist nicht gleichbedeutend mit hässlich, genauso wenig wie luxuriös, überladen, gesucht und teuer gleichbedeutend mit schön ist. Unsere Augen werden durch das grelle Spektakel einer protzigen Schönheit, einer käuflichen Kunst, eines Luxus ohne Anmut und Geist verletzt. Reichtum gepaart mit schlechtem Geschmack lässt uns manchmal bedauern, dass wir so viel Geld in der Hand hatten, um eine so enorme Menge an billigen Werken zu schaffen. Unsere zeitgenössische Kunst leidet ebenso an einem Mangel an Einfachheit wie unsere Literatur: zu viele hinzugefügte Verzierungen, umständliche Schnörkel, gequälte Phantasien. Selten können wir in den Linien, Formen und Farben diese Einfachheit in Verbindung mit Perfektion sehen, die sich dem Auge aufdrängt, wie das Offensichtliche sich dem Geist aufdrängt. Wir müssen uns wieder in die ideale Reinheit der unsterblichen Schönheit eintauchen, die ihr Stigma auf die Meisterwerke legt und von der ein einziger Strahl mehr wert ist als alle pompösen Ausstellungen.

Was uns hier jedoch am meisten am Herzen liegt, ist die gewöhnliche Ästhetik des Lebens, die Sorgfalt, die man aufwenden muss, um die Wohnung und die menschliche Person zu schmücken, um dem Leben den Glanz zu verleihen, ohne den es keinen Charme hat. Denn es ist nicht gleichgültig, ob der Mensch sich um diesen notwendigen Überfluss kümmert oder nicht. Daran erkennt man, ob er seinem Leben eine Seele gibt. Weit davon entfernt, die Sorge um die Verschönerung, Pflege und Poetisierung von Formen als unnötig zu betrachten, bin ich der Meinung, dass wir sie so weit wie möglich pflegen sollten. Die Natur selbst gibt uns ein Beispiel und ein Mensch, der den zerbrechlichen Glanz der Schönheit, mit dem wir unsere schnellen Tage schmücken, verachtet, würde von den Absichten dessen abweichen, der die gleiche Sorgfalt und Liebe darauf verwendet hat, die vergängliche Blume zu malen wie die ewigen Berge.

Wir dürfen jedoch nicht in die grobe Versuchung geraten, die wahre Schönheit mit dem zu verwechseln, was nur dem Namen nach schön ist. Die Schönheit und Poesie des Lebens liegt in der Bedeutung, die wir ihm geben. Unsere Häuser, unser Tisch und unsere Toilette müssen eine Absicht ausdrücken. Um diese Absichten umzusetzen, muss man sie erst einmal haben. Derjenige, der sie besitzt, kann sie mit den einfachsten Mitteln sichtbar machen. Man muss nicht reich sein, um seinem Haus und seiner Kleidung Anmut und Charme zu verleihen. Es genügt, Geschmack und Güte zu haben. Hier kommen wir zu einem Punkt, der für jeden von großer Bedeutung ist, aber vielleicht für Frauen in größerem Maße relevant ist als für Männer.

Diejenigen, die Frauen dazu bringen, sich in grobe Stoffe zu kleiden und ihren Körper in Kleidung zu stecken, die in ihrer Gleichförmigkeit an Säcke erinnert, verletzen die Natur in ihrem heiligsten Bereich und verkennen den Geist der Dinge. Wenn die Kleidung nur eine Vorsichtsmaßnahme wäre, um sich vor Kälte oder Regen zu schützen, würde eine Packplane oder ein Tierfell ausreichen. Aber sie ist

viel mehr als das. Der Mensch ist in allem, was er tut, ganz bei sich selbst: Er verwandelt die Dinge, die er benutzt, in Zeichen. Die Kleidung ist nicht nur eine einfache Bedeckung, sondern ein Symbol. Dies zeigt sich in der reichen Flora der
nationalen und provinziellen Trachten und der Trachten, die von unseren alten Zünf-
ten getragen wurden. Auch die Toilette hat uns etwas zu sagen. Je mehr Bedeutung
sie enthält, desto besser ist sie. Um wirklich schön zu sein, muss sie uns also gute
Dinge verkünden, persönliche und wahre Dinge. Sie kann noch so viel Geld kosten,
wenn sie beliebig ist und keine Beziehung zu ihrer Trägerin hat, ist sie nur eine
Maske und ein Schmuckstück. Die Übertreibung der Mode, die die weibliche Person
völlig unter rein konventionellem Schmuck verschwinden lässt, beraubt sie ihrer
Hauptattraktivität. Dieser Missbrauch führt dazu, dass viele Dinge, die Frauen sehr
schön finden, ihrer Schönheit genauso schaden wie dem Geldbeutel ihrer Ehemän-
ner oder Eltern.

Was würden Sie von einem jungen Mädchen halten, das ihre Gedanken in sehr
ausgewählten, sogar exquisiten Worten ausdrückt, die jedoch wörtlich aus einem
Konversationshandbuch stammen? Welchen Reiz könnte diese geborgte Sprache auf
Sie haben? Die Wirkung von Toiletten, die an sich gut gemacht sind, aber auf alle
Menschen gleichermaßen zutreffen, ist genau die gleiche.

Ich kann der Versuchung nicht widerstehen, hier eine Passage von Camille
Lemonnier zu zitieren, die sich auf meine Idee bezieht:

"Die Natur hat der Frau eine bezaubernde Kunst in die Finger gelegt, die sie
instinktiv beherrscht und die ihre eigene Kunst ist, wie die Seide der Raupe oder die
Spitze der flinken und feinen Spinne... Sie ist die Dichterin, die Künstlerin ihrer
Anmut und ihrer Schlichtheit; sie ist die Spinnerin des Geheimnisses, in das sich
ihre Lust zu gefallen kleidet. All das Talent, das sie in den anderen Künsten an den
Tag legt, um dem Menschen zu ähneln, kann niemals den Geist und die Entdeckung
eines kleinen Stoffstücks, das sie zusammenknüllt, aufwiegen.

"Nun, ich wünschte, diese Kunst würde mehr geehrt werden. So wie Bildung
darin bestehen sollte, mit dem Verstand zu denken, mit dem Herzen zu fühlen, die
kleine persönliche Sache auszudrücken, das intime, latente Ich, das stattdessen ver-
drängt und nivelliert wird, um der Konformität willen, so möchte ich, dass die junge
Frau in Ausbildung, die spätere Mutter, frühzeitig die kleine Ästhetin dieser Ästhetik
der Toilette wird, ihre eigene Ankleidedame, die eines Tages die Ankleidedame ihrer
Kinder sein wird... Aber mit dem Geschmack und der Gabe zu improvisieren, sich
selbst in diesem Meisterwerk der Geschicklichkeit und der weiblichen Persönlichkeit zu personalisieren: ... ein Kleid... ohne das die Frau nur ein Bündel Lumpen ist.
"

Das Kleid, das man selbst genäht hat, ist fast immer das, das einem am besten
steht und auf jeden Fall das, das einem am meisten Freude bereitet. Das ist es, was
unsere Frauen allzu oft vergessen. Die Arbeiterin und die Bäuerin begehen den gleichen Fehler. Seitdem sie sich bei Schneiderinnen und Modistinnen einkleiden, die
ihnen zweifelhafte Imitationen der großen Mode verkaufen, ist die Grazie aus der

Volkstracht fast verschwunden. Und doch gibt es etwas auf der Welt, das mehr zu gefallen vermag, als die frische Erscheinung einer jungen Arbeiterin oder eines jungen Mädchens vom Lande, die nach der Mode ihres Landes gekleidet sind und allein durch ihre Einfachheit schön sind.

Die gleichen Überlegungen lassen sich auch auf die Art und Weise anwenden, wie man sein Haus einrichtet und dekoriert. Wenn es Toiletten gibt, die eine ganze Lebensauffassung offenbaren, Hüte, die Gedichte sind, Schleifen, die Kokarden sind, dann gibt es auch Hauseinrichtungen, die auf ihre eigene Art und Weise den Geist ansprechen. Warum sollten wir unter dem Vorwand, unsere Häuser zu verschönern, ihnen den persönlichen Charakter nehmen, der immer seinen Wert hat? Warum sollten wir unsere Zimmer mit Hotelzimmern oder unsere Salons mit Bahnhofsinterieurs vergleichen, wenn wir einen einheitlichen Typus offizieller Schönheit vorherrschen lassen?

Was für ein Unglück, durch die Häuser einer Stadt, die Städte eines Landes, die Länder eines riesigen Kontinents zu gehen und überall auf bestimmte identische Formen zu stoßen, die unvermeidlich sind und durch ihre Vervielfältigung irritieren. Wie sehr würde die Ästhetik von mehr Einfachheit profitieren! Anstelle dieses billigen Luxus, all dieser hochtrabenden, aber fadenscheinigen Verzierungen würden wir eine unendliche Vielfalt haben. Glückliche Funde würden unseren Augen auffallen. Das Unerwartete in seinen tausend Formen würde uns erfreuen und wir würden das Geheimnis wiederfinden, einem Wandteppich, einem Möbelstück oder dem Dach eines Hauses den Stempel der menschlichen Persönlichkeit aufzudrücken, der manchen alten Dingen einen unschätzbaren Preis verleiht.

Lassen Sie uns fortfahren und zum Schluss zu noch einfacheren Dingen übergehen, ich meine die kleinen Details des Haushalts, die viele junge Menschen dieser Zeit so unpoetisch finden. Ihre Verachtung für die materiellen Beschäftigungen, die bescheidene Pflege, die ein Haus erfordert, rührt von einer weit verbreiteten, aber nicht weniger verhängnisvollen Verwirrung her. Diese Verwirrung besteht in der Annahme, dass Poesie und Schönheit in den Dingen liegen oder nicht. Es gibt vornehme, anmutige Beschäftigungen, wie die Pflege der Literatur oder das Spielen der Harfe, und grobe, unansehnliche Beschäftigungen, wie das Putzen von Schuhen, das Fegen des Zimmers oder die Überwachung des Eintopfes. Weder die Harfe noch der Besen tun etwas zur Sache, alles hängt von der Hand ab, die sie hält und von dem Geist, der diese Hand belebt. Die Poesie ist nicht in den Dingen, sie ist in uns. Sie muss den Dingen aufgezwungen werden, wie der Bildhauer dem Marmor seinen Traum aufzwingt. Wenn unser Leben und unsere Beschäftigungen trotz ihrer äußeren Vornehmheit allzu oft ohne Charme bleiben, so liegt das daran, dass wir es nicht verstanden haben, etwas hineinzulegen. Der Gipfel der Kunst ist es, das Träge zum Leben zu erwecken und das Wilde zu zähmen. Ich möchte, dass unsere jungen Mädchen sich bemühen, die wahrhaft weibliche Kunst zu entwickeln, Dingen eine Seele zu geben, die keine haben. Der Triumph der Anmut bei Frauen liegt in dieser Arbeit. Nur die Frau kann einem Haus das gewisse Etwas verleihen, dessen Tugend den

Dichter zu der Aussage veranlasste: "Das Dach wird fröhlich und lacht". Es wird gesagt, dass es keine Feen gibt, oder dass es keine Feen mehr gibt, aber man weiß nicht, was man sagt. Das ursprüngliche Modell der Feen, die von den Dichtern besungen werden, fanden und finden sie in den liebenswerten Sterblichen, die den Teig mit Energie kneten, mit Freundlichkeit Flickstellen ausbessern, Kranke mit einem Lächeln pflegen, Anmut in ein Band und Geist in eine Fritüre bringen können.

Sicherlich hat die Kultur der schönen Künste etwas Moralisierendes an sich und unsere Gedanken und Handlungen werden im Laufe der Zeit von dem geprägt, was unseren Augen auffällt. Aber die Ausübung der Künste und die Betrachtung ihrer Produkte ist ein Privileg, das einigen wenigen vorbehalten ist. Es ist nicht jedem gegeben, schöne Dinge zu besitzen, zu verstehen oder zu erschaffen. Es gibt jedoch eine Art von menschlicher Schönheit, die überall eindringen kann: die Schönheit, die in den Händen unserer Frauen und Töchter entsteht. Was ist das schönste Haus ohne diese Schönheit? eine kalte Wohnung. Mit ihr wird das kahlste Heim belebt und erleuchtet. Unter den Kräften, die in der Lage sind, den Willen zu veredeln und zu verändern und das Glück zu steigern, gibt es vielleicht keine, die universeller einsetzbar ist. Sie kann sich mit den ärmsten Instrumenten und inmitten der größten Schwierigkeiten durchsetzen. Wenn das Zimmer klein, das Budget begrenzt und der Tisch bescheiden ist, findet eine Frau mit dieser Gabe einen Weg, Ordnung, Sauberkeit und Anstand zu schaffen. Sie setzt Sorgfalt und Kunst in alles, was sie tut. Sie ist der Meinung, dass gute Arbeit nicht das Privileg der Reichen ist, sondern das Recht aller. Aus diesem Grund nutzt sie es und verleiht ihrem Interieur eine Würde und Annehmlichkeit, die in wohlhabenden Häusern, in denen alles den Söldnern überlassen wird, nicht erreicht werden kann.

Ein so verstandenes Leben wird sich bald als reich an unbekannten Schönheiten, Reizen und intimen Befriedigungen erweisen. Sie selbst zu sein und in ihrer natürlichen Umgebung die Art von Schönheit zu verwirklichen, die diese mit sich bringt, ist das Ideal. Wie sehr wächst die Aufgabe der Frau an Tiefe und Bedeutung, wenn sie sich darauf beschränkt, die Seele in die Dinge zu bringen und dieser Seele der Güte als äußeres Symbol jene angenehmen und delikaten Verfahren zu geben, für die selbst das brutalste Wesen empfänglich ist. Ist das nicht besser, als auf das zu neiden, was man nicht hat und sein Verlangen auf die ungeschickte Nachahmung einer fremden Verzierung zu richten?

XII. Stolz und Einfachheit in sozialen Beziehungen.

Es könnte schwierig sein, ein Thema zu finden, das besser als der Stolz geeignet ist, um zu beweisen, dass die Hindernisse für ein besseres, friedlicheres und stärkeres Leben eher in uns selbst als in den Umständen liegen. Die Vielfalt und vor allem die Gegensätzlichkeit sozialer Situationen führen unweigerlich zu allen Arten von Konflikten. Aber wie viel einfacher wären die Beziehungen zwischen den Mitgliedern einer Gesellschaft, wenn wir einen anderen Geist in den Rahmen der äußeren Notwendigkeiten einbringen würden! Wir sollten uns davon überzeugen, dass es nicht in erster Linie die Unterschiede der Klassen, der Funktionen und die so unterschiedlichen Formen ihrer Schicksale sind, die die Menschen auseinander bringen. Wenn dies der Fall wäre, würde ein idyllischer Friede zwischen Kollegen, Kameraden und allen Menschen mit ähnlichen Interessen und ähnlichem Schicksal herrschen. Stattdessen weiß jeder, dass die erbittertsten Streitigkeiten zwischen Gleichgesinnten entstehen und dass es keinen schlimmeren Krieg gibt als den Krieg innerhalb der eigenen Reihen. Aber was die Menschen daran hindert, miteinander auszukommen, ist vor allem der Stolz. Der Stolz macht den Menschen zu einem Igel, der einen anderen nicht berühren kann, ohne ihn zu verletzen. Lassen Sie uns zunächst über den Stolz der Großen sprechen.

Was mir an einem reichen Mann, der in einer Kutsche vorbeifährt, missfällt, ist nicht seine Ausstattung, seine Toilette oder die Anzahl und das Auftreten seiner Dienerschaft, sondern seine Verachtung. Dass er ein großes Vermögen besitzt, verletzt mich nur, wenn ich einen schlechten Charakter habe, aber dass er mich bespritzt, über meinen Körper fährt und in seiner ganzen Haltung zum Ausdruck bringt, dass ich in seinen Augen nichts zähle, weil ich nicht so reich bin wie er, das ist es, was mich zu Recht empört. Er zwingt mir immerhin ein Leiden auf, und zwar ein unnötiges Leiden. Er erniedrigt und beleidigt mich kostenlos. Es ist nicht das Vulgäre, sondern das Edle in mir, das sich gegen diesen verletzenden Stolz erhebt. Beschuldigen Sie mich nicht des Neides, denn ich empfinde keinen Neid, sondern meine Würde als Mensch ist verletzt. Sie brauchen nicht weit zu gehen, um diese Eindrücke zu illustrieren. Jeder Mensch, der das Leben gesehen hat, hat viele Erfahrungen gemacht, die unsere Aussagen in seinen Augen rechtfertigen werden. In einigen Kreisen, die sich mit materiellen Interessen beschäftigen, dominiert der Stolz auf Reichtum in einem solchen Ausmaß, dass die Menschen sich gegenseitig wie Wertpapiere an der Börse bewerten. Die Wertschätzung wird am Inhalt des Tresors gemessen. Die gute Gesellschaft besteht aus den großen Vermögen, die mittlere Gesellschaft aus den mittleren Vermögen. Dann folgen die Geringverdiener und die Nichtverdiener. Man behandelt sich bei jeder Gelegenheit nach diesem Prinzip. Und wer als relativ reicher Mann einen weniger wohlhabenden Mann verachtet hat, wird seinerseits von den anderen, die ihm an Vermögen überlegen sind, verachtet. So wuchert die Wut, sich zu vergleichen, von oben nach unten. Ein solches Milieu ist wie geschaffen für die Kultivierung der schlimmsten Gefühle, aber es ist nicht der Reichtum, sondern der Geist, der darin steckt, den man beschuldigen sollte. Einige Reiche haben diese grobe Auffassung nicht, insbesondere diejenigen, die vom Vater auf den Sohn an den Wohlstand gewöhnt sind. Sie vergessen jedoch, dass es eine gewisse Delikatesse ist, die Kontraste nicht zu stark zum Ausdruck zu bringen. Angenommen, es ist in Ordnung, einen großen Überfluss zu genießen, ist es dann notwendig, diesen Überfluss zur Schau zu stellen, die Augen derer, die nicht über das Nötigste verfügen, zu schockieren und seinen Luxus in der Nähe der Armut zur Schau zu stellen? Der gute Geschmack und eine Art von Schamgefühl werden einen gesunden Mann immer davon abhalten, von seinem kräftigen Appetit, seinem guten Schlaf und seiner Lebensfreude zu sprechen, wenn er mit jemandem spricht, der an Schwindsucht leidet. Vielen reichen Leuten fehlt es manchmal an Taktgefühl und damit auch an Mitleid und Vorsicht? Sind sie dann nicht fehlgeleitet, wenn sie sich über Neid beklagen, nachdem sie alles getan haben, um ihn zu provozieren?

Aber es mangelt vor allem an Unterscheidungsvermögen, wenn man seinen Stolz auf sein Vermögen setzt oder sich unbewusst den Verführungen des Luxus hingibt. Zunächst einmal ist es eine kindische Verwirrung, wenn man Reichtum als eine persönliche Eigenschaft ansieht. Es gibt keine naivere Art, den gegenseitigen Wert von Hülle und Inhalt zu missverstehen. Ich möchte diese Frage nicht weiter vertiefen, da sie zu schmerzhaft ist. Dennoch kann man nicht umhin, den Betroffenen zu sagen?- Hüten Sie sich, verwechseln Sie nicht das, was Sie besitzen, mit dem, was Sie sind. Lernen Sie die Hintergründe des Glanzes der Welt besser kennen, damit Sie das moralische Elend und die Kindlichkeit besser wahrnehmen können. Der Stolz stellt uns in der Tat zu lächerliche Fallen. Wir müssen uns vor einem Gefährten hüten, der uns bei unseren Mitmenschen verhasst macht und uns den Durchblick verlieren lässt.

Wer sich dem Stolz auf den Reichtum hingibt, vergisst einen anderen Punkt, den wichtigsten von allen: Besitz ist eine soziale Funktion. Zweifelsohne ist das Eigentum des Einzelnen ebenso legitim wie die Existenz des Einzelnen und seine Freiheit. Diese beiden Dinge sind untrennbar miteinander verbunden und es ist eine gefährliche Utopie, die so elementaren Grundlagen des Lebens anzugreifen. Aber der Einzelne ist mit jeder Faser an die Gesellschaft gebunden und alles, was er tut, muss er im Hinblick auf das Ganze tun. Besitz ist daher weniger ein Privileg, dessen man sich rühmen sollte, als vielmehr eine Last, deren Schwere man spüren sollte. So wie die Ausübung jeder sozialen Funktion eine oft schwierige Ausbildung erfordert, so erfordert auch die Funktion, die als Reichtum bezeichnet wird, eine Ausbildung. Es ist eine Kunst zu besitzen, eine der am wenigsten leicht zu erlernenden. Die meisten Menschen, ob arm oder reich, stellen sich vor, dass man sich im Überfluss einfach nur leben lassen muss. Aus diesem Grund gibt es so wenige Menschen, die wissen, wie man reich ist. In den Händen zu vieler ist der Reichtum, wie Luther in einem heiteren und furchterregenden Vergleich sagt, wie eine Harfe an den Beinen eines Esels. Sie haben keine Ahnung, wie man sie benutzt.

Wenn Sie also einen Mann treffen, der reich und gleichzeitig einfach ist, d.h. der seinen Reichtum als Mittel zur Erfüllung seiner menschlichen Mission betrachtet, sollten Sie ihn respektvoll begrüßen, denn er ist sicherlich jemand. Er hat Hindernisse überwunden, Prüfungen bestanden, über vulgäre oder subtile Versuchungen triumphiert. Er verwechselt den Inhalt seines Portemonnaies nicht mit dem Inhalt seines Gehirns oder seines Herzens und er schätzt seine Mitmenschen nicht nach Zahlen. Seine außergewöhnliche Situation erhöht ihn nicht, sondern erniedrigt ihn, weil er spürt, wie viel ihm fehlt, um seiner Pflicht gerecht zu werden. Er ist ein Mensch geblieben, das heißt, er ist gastfreundlich, hilfsbereit und macht seinen Besitz nicht zu einer Barriere, die ihn von den anderen Menschen trennt, sondern zu einem Mittel, um sich ihnen immer mehr anzunähern. Obwohl der Beruf des Reichen von vielen stolzen und selbstsüchtigen Menschen verdorben wurde, gelingt es ihm immer, von jedem geschätzt zu werden, der nicht unempfindlich gegenüber der Gerechtigkeit ist. Jeder, der sich ihm nähert und ihn leben sieht, ist gezwungen, auf sich selbst zurückzublicken und sich zu fragen: Was wäre aus mir in einer solchen Situation geworden? Hätte ich diese Bescheidenheit, diese Distanziertheit, diese Redlichkeit, die einen dazu bringt, mit seinem eigenen Wohl zu handeln, als ob es anderen gehören würde? Solange es eine Welt und eine menschliche Gesellschaft gibt, solange es erbitterte Interessenkonflikte gibt, solange Neid und Egoismus auf der Erde existieren, wird nichts respektabler sein als Reichtum, der vom Geist der Einfachheit durchdrungen ist. Er wird mehr als nur vergeben, er wird geliebt werden.

Noch schädlicher als der durch Reichtum inspirierte Stolz ist der durch Macht inspirierte Stolz, und unter Macht verstehe ich hier jede Macht, die ein Mensch über einen anderen Menschen hat, ob sie nun groß oder klein ist. Ich sehe keine Möglichkeit zu verhindern, dass es in der Welt ungleich mächtige Menschen gibt. Jeder Organismus setzt eine Hierarchie der Kräfte voraus. Wir werden nie aus dieser Situation herauskommen. Ich fürchte jedoch, dass, wenn der Geschmack der Macht weit verbreitet ist, der Geist der Macht fast unauffindbar ist. Diejenigen, die einen Teil der Autorität innehaben, missverstehen sie und missbrauchen sie, was fast überall dazu führt, dass die Autorität kompromittiert wird.

Die Macht übt einen sehr starken Einfluss auf denjenigen aus, der sie innehat. Ein Kopf muss sehr fest sein, um nicht durch die Macht getrübt zu werden. Diese Art von Wahnsinn, die die römischen Kaiser in der Zeit ihrer Allmacht ergriff, ist eine universelle Krankheit, deren Symptome zu allen Zeiten existierten. In jedem Menschen schlummert ein Tyrann, der nur auf eine günstige Gelegenheit wartet, um zu erwachen. Der Tyrann ist der schlimmste Feind der Autorität, weil er uns eine unerträgliche Karikatur von ihr liefert. Dies führt zu einer Vielzahl von sozialen Komplikationen, Kränkungen und Hass. Jeder Mensch, der zu denen, die von ihm abhängig sind, sagt: "Du wirst dies tun, weil es mein Wille ist, oder besser, weil es mein Wohlgefallen ist", handelt schlecht. In jedem von uns gibt es etwas, das uns dazu auffordert, der persönlichen Macht zu widerstehen, und dieses Etwas ist sehr respektabel. Denn im Grunde sind wir gleich und niemand hat das Recht, von mir Gehorsam zu verlangen, weil er er ist und ich bin ich: in diesem Fall erniedrigt mich sein Befehl und es ist nicht erlaubt, sich erniedrigen zu lassen.

Man muss in Schulen, Werkstätten, in der Armee, in der Verwaltung gelebt haben, die Beziehungen zwischen Herr und Diener aus der Nähe verfolgt haben und überall dort, wo die Vorherrschaft des Menschen über den Menschen ausgeübt wird, stehen geblieben sein, um sich eine Vorstellung von dem Schaden zu machen, den diejenigen anrichten, die die Macht mit Arroganz ausüben. Sie machen aus jeder freien Seele eine Sklavenseele, d.h. eine Seele der Revolte. Und es scheint, dass diese verhängnisvolle, antisoziale Wirkung am sichersten eintritt, wenn der Befehlende dem Gehorchenden durch das Schicksal näher steht. Der unerbittlichste Tyrann ist der Tyrann mit kleinen Füßen. Ein Werkstattleiter oder ein Vorarbeiter ist in seinem Vorgehen grimmiger als ein Fabrikdirektor oder ein Chef. Ein Gefreiter ist härter für den Soldaten als der Oberst. In manchen Häusern, in denen die Dame nicht viel mehr Bildung hat als ihr Dienstmädchen, besteht zwischen beiden die Beziehung eines Sträflings zu einem Wärter. Wehe dem, der in die Hände eines Untergebenen fällt, der von seiner Autorität betrunken ist!

Es wird zu sehr vergessen, dass die erste Pflicht eines jeden, der Macht ausübt, Demut ist. Großartigkeit ist keine Autorität. Wir sind nicht das Gesetz. Das Gesetz ist über allen Köpfen. Wir interpretieren es nur, aber um es in den Augen anderer geltend zu machen, müssen wir zuerst selbst dem Gesetz unterworfen sein. Befehl und Gehorsam in der menschlichen Gesellschaft sind letztlich nur zwei Formen derselben Tugend: freiwillige Knechtschaft. In den meisten Fällen wird Ihnen nicht gehorcht, weil Sie nicht zuerst gehorcht haben.

Das Geheimnis des moralischen Aufstiegs liegt in denjenigen, die mit Einfachheit befehlen. Sie mildern die Härte der Tat durch den Geist. Ihre Macht liegt weder im Rang, noch im Titel, noch in Disziplinarmaßnahmen. Sie benutzen weder Knute noch Drohungen und dennoch erreichen sie alles: warum? Weil jeder spürt, dass sie selbst zu allem bereit sind. Was einem Menschen das Recht verleiht, von einem anderen Menschen das Opfer seiner Zeit, seines Geldes, seiner Leidenschaften und sogar seines Lebens zu verlangen, ist, dass er nicht nur selbst zu all diesen Opfern entschlossen ist, sondern sie auch im Voraus innerlich gebracht hat. In der Ordnung, die ein Mensch mit diesem Geist gibt, gibt es eine Macht, die sich auf denjenigen überträgt, der der Hilfe gehorchen und seine Pflicht tun muss.

In allen Bereichen der menschlichen Aktivität gibt es Führer, die ihre Soldaten inspirieren, unterstützen und elektrisieren: unter ihrer Führung vollbringt eine Truppe Wunder. Man fühlt sich mit ihnen zu allen Anstrengungen fähig, man ist bereit, durch das Feuer zu gehen, wie der Volksmund sagt, und man würde es mit Begeisterung tun.

Aber es gibt nicht nur den Stolz der Großen, sondern auch den Stolz der Kleinen, die Morgue von unten, die das würdige Gegenstück zu der von oben ist. Die Wurzel dieser beiden Hochmutsarten ist die gleiche. Der Mann, der sagt: "Ich bin das Gesetz", ist nicht nur ein hochmütiges, gebieterisches Wesen, das allein durch seine Haltung einen Aufstand provoziert, sondern auch ein Untergebener, dessen böser Kopf nicht zugeben will, dass es etwas über ihm gibt.

Es gibt tatsächlich eine Menge Menschen, die sich über jede Art von Überlegenheit ärgern. Für sie ist jede Meinung eine Beleidigung, jede Kritik ein Betrug und jeder Befehl ein Angriff auf ihre Freiheit. Sie können keine Regeln ertragen. Etwas oder jemanden zu respektieren, ist für sie eine geistige Verirrung. Sie sagen uns auf ihre Weise: "Außer uns gibt es keinen Platz für irgendjemanden.

Zur Familie der Stolzen gehören auch all jene, die unnachgiebig und überempfindlich sind, die in bescheidenen Verhältnissen finden, dass ihre Vorgesetzten ihnen nie genug Ehre erweisen, die das Beste und Menschlichste nicht zufriedenstellen kann und die ihre Pflicht mit dem Anschein eines Opfers erfüllen. In diesen kummervollen Gemütern steckt zu viel fehlgeleitete Selbstliebe. Sie können ihren Posten nicht einfach halten und erschweren sich und anderen das Leben durch lächerliche Forderungen und ungerechte Hintergedanken.

Wenn man sich die Mühe macht, die Menschen genau zu studieren, ist man erstaunt, dass der Stolz so viele Rückzugsorte unter den sogenannten Demütigen hat. Die Macht dieses Lasters ist so groß, dass es eine dicke Mauer um diejenigen bildet, die in den bescheidensten Verhältnissen leben, die sie von ihren Mitmenschen isolieren. Sie sind dort, verschanzt, verbarrikadiert in ihren Ambitionen und ihrer Verachtung, unnahbar wie die Mächtigen der Erde hinter ihren aristokratischen Vorurteilen. Ob dunkel oder berühmt, der Stolz drapiert sich in seiner dunklen Königswürde als Feind des Menschengeschlechts. Er ist derselbe im Elend und in der Größe, hilflos und einsam, misstrauisch gegenüber allen und macht alles kompliziert. Und man kann nicht oft genug wiederholen, dass der Hass und die Feindseligkeit zwischen den verschiedenen Klassen weniger den äußeren Fatalitäten als vielmehr den inneren Fatalitäten zu verdanken ist. Der Antagonismus der Interessen und der Kontrast der Situationen reißen Gräben zwischen uns auf, das kann niemand leugnen, aber der Stolz verwandelt diese Gräben in Abgründe und im Grunde ist es nur der Stolz, der von einem Ufer zum anderen ruft: Es gibt nichts Gemeinsames zwischen euch und uns.

Wir sind noch nicht fertig mit dem Stolz, aber es ist unmöglich, ihn in all seinen Formen darzustellen. Ich bin besonders wütend auf ihn, wenn er sich mit Wissen vermischt und es sterilisiert. Wir schulden unseren Mitmenschen Wissen, wie auch Reichtum und Macht. Es ist eine soziale Kraft, die dienen muss und das kann sie nur, wenn diejenigen, die wissen, mit dem Herzen bei denen bleiben, die nicht wissen. Wenn das Wissen zu einem Instrument des Ehrgeizes wird, zerstört es sich selbst.

Was kann man über den Stolz der guten Menschen sagen, denn es gibt ihn und er macht sogar die Tugend hassenswert. Der Gerechte, der das Böse bereut, das andere tun, bleibt in der Solidarität und in der sozialen Wahrheit. Der Gerechte hingegen, der andere für ihre Fehler und Fehler verachtet, zieht sich aus der Menschheit zurück und seine Tugenden, die zu einer leeren Zierde seiner Eitelkeit herabgesunken sind, werden jenem Reichtum ähnlich, den die Güte nicht inspiriert, jener Autorität, die nicht durch den Geist des Gehorsams gemildert wird. Die hochmütige Tugend ist ebenso verabscheuungswürdig wie der stolze Reiche und der arrogante Herr. Sie verleiht dem Menschen Züge und eine Haltung, die etwas Provokatives an sich hat. Ihr Beispiel entfernt uns eher, als dass es uns mitreißt und diejenigen, die sie mit ihren Wohltaten beehrt, fühlen sich beleidigt.

Fassen wir zusammen und schließen wir:

Es ist ein Fehler zu glauben, dass unsere Vorteile, egal welcher Art, für unsere Eitelkeit genutzt werden sollten. Jeder Vorteil ist für denjenigen, der ihn genießt, eine Verpflichtung und kein Grund, sich selbst zu rühmen. Materielle Güter, Macht, Wissen, Herzens- und Geistesqualitäten werden zu einer Quelle der Zwietracht, wenn sie dazu dienen, den Stolz zu nähren. Sie bleiben nur dann wohltätig, wenn sie denjenigen, die sie besitzen, Anlass zur Bescheidenheit geben. Seien wir demütig, wenn wir viel besitzen, denn es beweist, dass wir Schuldner sind: Alles, was ein Mensch besitzt, schuldet er jemandem und sind wir sicher, dass wir unsere Schulden bezahlen können?

Wir sollten demütig sein, wenn wir ein wichtiges Amt bekleiden und das Schicksal anderer Menschen in unseren Händen halten, denn es ist unmöglich, dass ein weitsichtiger Mensch sich nicht unter solch ernsten Pflichten fühlt.

Wir sollten demütig sein, wenn wir viel Wissen haben, denn es dient uns nur dazu, die Größe des Unbekannten besser zu erkennen und das Wenige, das wir selbst entdeckt haben, mit der Masse dessen zu vergleichen, was wir dem Leid anderer verdanken.

Schließlich sollten wir demütig sein, besonders wenn wir tugendhaft sind, denn niemand sollte seine Fehler besser erkennen als jemand, der ein geschultes Gewissen hat, und mehr als jeder andere sollte er das Bedürfnis verspüren, anderen gegenüber nachsichtig zu sein und für diejenigen zu leiden, die Böses tun.

-Und was machen Sie mit den notwendigen Unterscheidungen? Werden Sie durch die Einfachheit nicht das Gefühl für die Entfernungen, die für das gute Funktionieren einer Gesellschaft wichtig sind, auslöschen?

-Ich bin nicht der Meinung, dass Entfernungen und Unterscheidungen abgeschafft werden sollten. Aber ich denke, dass das, was einen Menschen unterscheidet, nicht in seinem Rang, seiner Funktion, seiner Uniform oder seinem Vermögen zu finden ist, sondern nur in ihm selbst. Mehr als jede andere Zeit hat unsere Zeit die Nichtigkeit rein äußerlicher Unterscheidungen aufgedeckt. Um jemand zu sein, reicht es nicht mehr aus, einen Kaisermantel oder eine Königskrone zu tragen; was nützt es, einen Streifen, ein Wappen oder eine Schleife zu haben? Sicherlich sind äußere Zeichen nicht zu verurteilen, sie haben ihre Bedeutung und ihren Nutzen, aber unter der Bedingung, dass sie etwas bedecken und nicht ein Vakuum. An dem Tag, an dem sie nichts mehr bedeuten, werden sie nutzlos und gefährlich. Der einzig wahre Weg, sich zu unterscheiden, besteht darin, besser zu sein. Wenn Sie wollen, dass die so notwendigen und an sich so respektablen gesellschaftlichen Unterscheidungen tatsächlich respektiert werden, müssen Sie sich zuerst ihrer würdig erweisen. Andernfalls tragen Sie dazu bei, dass sie gehasst und verachtet werden. Es ist leider eine allzu sichere Tatsache, dass der Respekt unter uns abnimmt und dies ist sicherlich nicht auf einen Mangel an Unterscheidungen zurückzuführen, um zu kennzeichnen, wer respektiert werden will. Die Ursache des Übels liegt in dem Vorurteil, dass eine hohe Stellung denjenigen, der sie innehat, von der Einhaltung der üblichen Lebenspflichten befreit. Indem wir uns erhöhen, glauben wir, dass wir uns vom Gesetz befreien. Dabei vergessen wir, dass der Geist des Gehorsams und der Bescheidenheit mit der Stellung wachsen muss. Das Ergebnis ist, dass diejenigen, die den größten Respekt für ihr Amt fordern, auch die geringsten Anstrengungen unternehmen, um diesen Respekt zu verdienen. Daher nimmt der Respekt ab.

Die einzige notwendige Unterscheidung besteht darin, besser sein zu wollen. Der Mann, der sich bemüht, besser zu sein, wird demütiger, zugänglicher, vertrauter sogar mit denen, die ihm Respekt schulden. Da er jedoch gewinnt, wenn er näher bekannt ist, verliert die Hierarchie nichts und er erntet mehr Respekt, wenn er weniger Stolz gesät hat.

XIII. Erziehung zur Einfachheit.

Da ein einfaches Leben vor allem das Produkt einer Geisteshaltung ist, ist es nur natürlich, dass die Erziehung in diesem Bereich einen großen Einfluss haben muss.

Es gibt nur zwei Arten der Kindererziehung:

Die erste besteht darin, die Kinder für sich selbst zu erziehen;

Die zweite Möglichkeit ist, die Kinder um ihrer selbst willen zu erziehen.

Im ersten Fall wird das Kind als eine Ergänzung zu den Eltern betrachtet. Es ist ein Teil ihres Besitzes und nimmt einen Platz unter den Dingen ein, die sie besitzen. Manchmal ist dieser Platz der edelste: wenn die Eltern vor allem das Leben der Zuneigung schätzen. Manchmal, wenn die materiellen Interessen dominieren, steht das Kind an zweiter, dritter oder letzter Stelle. In keinem Fall ist es jemand. Als junges Kind umkreist es die Eltern nicht nur durch Gehorsam, was legitim ist, sondern durch die Unterordnung all seiner Initiativen und seines ganzen Wesens. Mit zunehmendem Alter verschärft sich diese Unterordnung und wird zur Beschlagnahmung, indem sie sich auf Ideen, Gefühle und alles ausdehnt. Seine Unmündigkeit setzt sich fort. Anstatt sich langsam in Richtung Unabhängigkeit zu entwickeln, schreitet der Mensch in die Sklaverei voran. Er ist das, was ihm erlaubt wird zu sein, was der Handel, die Industrie seines Vaters oder die religiösen Überzeugungen, die politischen Meinungen oder der ästhetische Geschmack seines Vaters von ihm verlangen. Er wird denken, sprechen, handeln, heiraten oder seine Familie vergrößern, im Sinne und innerhalb der Grenzen des väterlichen Absolutismus. Dieser Familienabsolutismus kann von Menschen praktiziert werden, die keinen Willen haben; es genügt, wenn sie davon überzeugt sind, dass die gute Ordnung verlangt, dass das Kind das Eigentum der Eltern ist. Wenn sie keine Energie haben, werden sie sich des Kindes auf andere Weise bemächtigen, durch Seufzen, Bitten oder niedrige Verführung. Wenn sie ihn nicht in Ketten legen können, werden sie ihn in eine Falle locken. Aber er wird in ihnen, durch sie und für sie leben, was das einzig Zulässige ist.

Diese Art der Erziehung wird nicht nur in der Familie praktiziert, sondern auch in den großen sozialen Organisationen, deren wichtigste Erziehungsfunktion darin besteht, die Neuankömmlinge in die Hände zu bekommen, um sie so unwiderstehlich wie möglich in den bestehenden Rahmen einzuschließen. Es ist die Reduzierung, Zerreibung und Absorption des Individuums in einem sozialen Körper, sei er theokratisch, kommunistisch oder einfach nur bürokratisch und routiniert. Von außen betrachtet scheint ein solches System eine einfache Erziehung par excellence zu sein. In der Tat sind seine Verfahren absolut simpel. Und wenn der Mensch nicht jemand wäre, wenn er nur ein Exemplar der Rasse wäre, dann wäre dies die perfekte Erziehung. So wie alle wilden Tiere und alle Fische und Insekten der gleichen Gattung und Art den gleichen Streifen an der gleichen Stelle haben, so wären wir alle identisch, hätten den gleichen Geschmack, die gleiche Sprache, den gleichen Glauben und die gleichen Neigungen. Aber der Mensch ist nicht nur ein Exemplar der Rasse und aus diesem Grund ist diese Art der Erziehung alles andere als einfach in ihren Auswirkungen. Die Menschen unterscheiden sich so sehr voneinander, dass unzählige Mittel erfunden werden müssen, um das individuelle Denken zu reduzieren, einzuschläfern und auszuschalten. Dies gelingt nur zum Teil, was alles immer wieder durcheinander bringt. In jedem Augenblick bricht die innere Kraft der Initiative durch einen Riss mit Gewalt hervor und führt zu Explosionen, Erschütterungen und schweren Unruhen. Wo nichts geschieht, wo die äußere Autorität die Macht behält, liegt das Böse tief im Inneren. Unter der scheinbaren Ordnung verbergen sich leise Revolten, die durch eine abnormale Existenz entstandenen Krankheiten, Apathie und Tod.

Es ist ein schlechtes System, das ähnliche Früchte hervorbringt und wie einfach es auch erscheinen mag, im Grunde bringt es alle Komplikationen hervor.

Das andere System ist das entgegengesetzte Extrem. Es besteht darin, dass die Kinder für sich selbst erzogen werden. Die Rollen werden umgekehrt: die Eltern sind für das Kind da. Kaum ist das Kind geboren, wird es zum Mittelpunkt. Der weiße Kopf der Vorfahren und der kräftige Kopf des Vaters verneigen sich vor diesem Lockenkopf. Sein Stottern ist ihr Gesetz; ein Zeichen von ihm genügt. Wenn er nachts in seiner Wiege etwas laut schreit, gibt es keine Müdigkeit und das ganze Haus muss aufstehen. Es dauert nicht lange, bis der Neuankömmling merkt, dass er die Allmacht hat und er ist noch nicht einmal gelaufen, als er schon den Schwindel der Macht verspürt. Mit zunehmendem Alter wird es nur noch größer und schöner. Eltern, Großeltern, Hausangestellte, Lehrer, alle stehen unter seinem Befehl. Er akzeptiert Huldigungen und sogar die Selbstverbrennung seiner Mitmenschen und behandelt jeden, der sich ihm nicht in den Weg stellt, wie einen widerspenstigen Untertan. Es gibt nur ihn. Er ist der Einzige, der Perfekte, der Unfehlbare. Man merkt zu spät, dass man sich einen Herrn gegeben hat, und was für einen Herrn, der Opfer vergisst, keinen Respekt und kein Mitleid hat. Er nimmt keine Rücksicht mehr auf diejenigen, denen er alles verdankt und geht ohne Gesetz und Zügel durch das Leben.

Diese Erziehung hat auch ihre soziale Form. Sie blüht überall dort, wo die Vergangenheit nicht zählt, wo die Geschichte mit den Lebenden beginnt, wo es keine Tradition, keine Disziplin und keinen Respekt gibt, wo diejenigen, die am wenigsten wissen, am lautesten reden, wo alle, die die öffentliche Ordnung zu vertreten haben, sich um den Erstbesten sorgen, dessen Stärke darin besteht, laut zu schreien und niemanden zu respektieren. Sie sichert die Herrschaft der flüchtigen Leidenschaften und den Triumph der niederen Willkür. Ich vergleiche diese beiden Erziehungsmethoden, von denen die eine die Verherrlichung des Milieus und die andere die Verherrlichung des Individuums ist; die eine ist der Absolutismus der Tradition, die andere die Tyrannei der Neuankömmlinge und ich finde beide gleichermaßen verhängnisvoll. Am schlimmsten ist jedoch die Kombination aus beidem, die Wesen hervorbringt, die halb Automaten, halb Despoten sind und ständig zwischen dem Geist der Schafe und dem Geist der Revolte oder der Herrschaft schwanken.

Kinder sollten weder für sich selbst noch für die Eltern erzogen werden, denn der Mensch ist ebenso wenig dazu bestimmt, eine Figur zu sein, wie ein Muster. Sie sollten für das Leben erzogen werden. Ihre Erziehung soll ihnen helfen, zu aktiven Mitgliedern der Menschheit, zu brüderlichen Mächten und freien Dienern der Stadt zu werden. Eine Erziehung, die sich an einem anderen Prinzip orientiert, macht das Leben kompliziert, verzerrt es und sät den Keim für alle Arten von Unordnung.

Wenn man das Schicksal des Kindes in einem Wort zusammenfassen will, dann ist es das Wort Zukunft, das einem über die Lippen kommt. Das Kind ist die Zukunft. Dieses Wort sagt alles: die vergangenen Mühen, die gegenwärtigen Anstrengungen, die Hoffnungen. Das Kind ist jedoch nicht in der Lage, die Bedeutung dieses Wortes zu ermessen, wenn die Erziehung beginnt. Denn in diesem Moment ist es der Allmacht der aktuellen Eindrücke ausgeliefert. Wer wird ihm also die erste Klarheit geben und es auf den Weg bringen, den es gehen soll? Die Eltern, die Erzieher. Wenn sie jedoch nachdenken, werden sie spüren, dass ihr Werk nicht nur sie und das Kind betrifft, sondern dass sie Macht ausüben und unpersönliche Interessen verwalten. Das Kind muss ihnen ständig als zukünftiger Bürger erscheinen. Unter dem Einfluss dieser Sorge werden sie zwei Sorgen haben, die sich gegenseitig ergänzen: die Sorge um die anfängliche, individuelle Macht, die in ihrem Kind keimt und wachsen muss, und die soziale Bestimmung dieser Macht. Zu keinem Zeitpunkt ihrer Arbeit mit dem Kind dürfen sie vergessen, dass das kleine Wesen, das sie in ihre Obhut gegeben haben, selbst und brüderlich werden muss. Diese beiden Bedingungen schließen sich nicht aus, sondern sind immer nur in einer unauflösbaren Verbindung zu finden. Es ist unmöglich, brüderlich zu sein, zu lieben, sich zu verschenken, wenn man nicht Herr seiner selbst ist; und umgekehrt kann niemand sich selbst besitzen, sich selbst in seiner Eigenart erfassen, wenn er nicht durch die Oberflächenunfälle seiner Existenz bis zu den tiefen Quellen des Seins hinabgestiegen ist, wo der Mensch sich mit dem Menschen durch sein Innerstes verbunden fühlt.

Um einem Kind zu helfen, selbst und brüderlich zu werden, muss es gegen die gewalttätige und schädliche Wirkung der Kräfte der Unordnung verteidigt werden.

Diese Kräfte sind äußerlich und innerlich. Jeder ist draußen nicht nur durch materielle Gefahren bedroht, sondern auch durch die gewaltsame Einmischung fremden Willens; innen durch das übertriebene Gefühl des eigenen Ichs und durch alle Phantasien, die dieses Gefühl hervorruft. Die äußere Gefahr ist sehr groß, die durch den übermäßigen Einfluss der Erzieher entstehen kann. Das Recht des Stärkeren wird mit extremer Leichtigkeit in die Erziehung eingebracht. Um eine Erziehung durchzuführen, muss man auf dieses Recht verzichtet haben, d.h. man muss das minderwertige Gefühl der eigenen Person aufgeben, das uns zu Feinden anderer, sogar unserer Kinder, macht. Unsere Autorität ist nur dann gut, wenn sie von einer anderen inspiriert wird, die uns überlegen ist. In diesem Fall ist sie nicht nur heilsam, sondern auch unentbehrlich und wird zur besten Garantie gegen die größte innere Gefahr, die ein Wesen bedroht: die Überschätzung der eigenen Bedeutung. Am Anfang des Lebens ist die Lebendigkeit der persönlichen Eindrücke so groß, dass sie dem befriedenden Einfluss eines ruhigen und überlegenen Willens unterworfen werden muss, um das Gleichgewicht wiederherzustellen. Die Aufgabe des Erziehers besteht darin, diesen Willen so kontinuierlich und uneigennützig wie möglich gegenüber dem Kind zu vertreten. Die Erzieher repräsentieren dann alles, was in der Welt respektabel ist. Sie geben dem Wesen, das in das Leben eintritt, den Eindruck von etwas, das ihm vorausgeht, es übersteigt und umhüllt, aber sie erdrücken es nicht, sondern ihr Wille und alle Einflüsse, die sie ihm vermitteln, werden zu Nährstoffen für seine eigene Energie. Auf diese Weise Einfluss auszuüben bedeutet, den fruchtbaren Gehorsam zu kultivieren, aus dem freie Charaktere entstehen. Die rein persönliche Autorität von Eltern, Lehrern und Institutionen ist für das Kind das, was für eine junge Pflanze das dichte Gestrüpp ist, unter dem sie verkümmert und abstirbt. Die unpersönliche Autorität, die dem Menschen gehört, der sich zuerst den ehrwürdigen Realitäten unterworfen hat, vor denen er die individuelle Phantasie eines Kindes beugen möchte, gleicht der reinen und hellen Atmosphäre. Sie ist zwar aktiv und beeinflusst uns auf ihre Weise, aber sie nährt und stärkt unser eigenes Leben. Ohne diese Autorität gibt es keine Erziehung. Die Aufgabe des Erziehers ist es, zu beaufsichtigen, zu leiten und zu widerstehen. Er muss dem Kind nicht wie eine Phantasiebarriere erscheinen, über die es springen kann, solange der Sprung der Höhe des Hindernisses angemessen ist, sondern wie eine transparente Mauer, durch die unveränderliche Realitäten, Gesetze, Grenzen und Wahrheiten sichtbar werden, gegen die es keine Möglichkeit gibt, zu handeln. So entsteht der Respekt, der in jedem Menschen die Fähigkeit ist, das zu begreifen, was größer ist als er selbst, der Respekt, der uns groß macht und uns befreit, indem er uns bescheiden macht. Dies ist das Gesetz der Erziehung zur Einfachheit. Es kann in diesen Worten zusammengefasst werden: freie und respektvolle Menschen zu bilden, Menschen, die sie selbst und brüderlich sind.

Lassen Sie uns aus diesem Prinzip einige praktische Anwendungen ableiten.

Da das Kind die Zukunft ist, muss es durch Frömmigkeit an die Vergangenheit gebunden werden. Wir schulden es ihm, die Tradition in die praktischsten Formen zu kleiden, die einen starken Eindruck hinterlassen können. Daraus ergibt sich der außergewöhnliche Platz, den die Alten, der Erinnerungskult und im weiteren Sinne die Geschichte des Hauses in der Erziehung und in einem Haus einnehmen müssen. Vor allem unseren Kindern gegenüber erfüllen wir eine Pflicht, wenn wir den Großeltern in allen Dingen einen Ehrenplatz zuweisen. Nichts spricht so eindringlich zu einem Kind und entwickelt die Gefühle der Bescheidenheit mehr, als wenn es sieht, dass Vater und Mutter bei jeder Gelegenheit eine respektvolle Haltung gegenüber einem alten, manchmal gebrechlichen Großvater einnehmen. Dies ist eine immerwährende Lektion, der man nicht widerstehen kann. Damit sie ihre volle Kraft entfalten kann, ist es notwendig, dass in einem Haus eine stillschweigende Übereinkunft zwischen allen erwachsenen Personen herrscht. In den Augen des Kindes sind sie alle solidarisch, verpflichtet, einander zu respektieren und miteinander auszukommen, da sie sonst die Autorität des Erziehers gefährden könnten. Und zu diesen Personen gehören auch die Hausangestellten. Ein Diener ist eine große Person und es ist das gleiche Gefühl von Respekt, das verletzt wird, wenn ein Kind einen Diener nicht respektiert oder wenn es seinen Vater oder Großvater nicht respektiert. Sobald es ein unhöfliches oder arrogantes Wort zu einer älteren Person sagt, verlässt es den Weg, den ein Kind nicht verlassen sollte und wenn die Eltern es versäumen, es zu warnen, werden sie bald an seinem Verhalten gegenüber sich selbst erkennen, dass der Feind in sein Herz eingedrungen ist.

Es ist ein Irrtum, wenn man glaubt, dass Kinder von Natur aus nicht respektvoll sind und diese Meinung auf die vielen Beispiele von Respektlosigkeit stützt, die uns das junge Alter bietet. Im Grunde ist Respekt ein Bedürfnis des Kindes. Sein moralisches Wesen wird davon genährt. Das Kind sehnt sich verwirrt danach, etwas zu respektieren und zu bewundern. Aber wenn dieses Streben nicht genutzt wird, geht es verloren und wird korrumpiert. Durch unseren Mangel an Zusammenhalt und gegenseitiger Ehrerbietung diskreditieren wir Großen jeden Tag in den Augen des Kindes unsere eigene Sache und die Sache aller respektablen Dinge. Wir impfen ihm den bösen Geist ein, dessen Auswirkungen sich dann gegen uns wenden.

Diese traurige Wahrheit wird nirgends so deutlich wie in den Beziehungen zwischen Herr und Diener, wie wir sie geschaffen haben. Unsere sozialen Fehler, unser Mangel an Einfachheit und Freundlichkeit fallen auf die Köpfe unserer Kinder zurück. Es gibt sicherlich nur wenige Bürger, die verstehen, dass es besser ist, mehrere tausend Francs zu verlieren, als seinen Kindern den Respekt vor den Dienstboten zu nehmen, die in unseren Häusern die Kategorie der Bescheidenen darstellen. Nichts ist jedoch wahrer als das. Behalten Sie die Konventionen und Abstände bei, so lange Sie wollen, diese Art der sozialen Grenzziehung, die es jedem ermöglicht, an seinem Platz zu bleiben und die Hierarchie zu beachten. Das ist gut, davon bin ich überzeugt, aber Sie dürfen nie vergessen, dass die Menschen, die uns dienen, genauso Menschen sind wie wir. Sie verlangen von Ihren Bediensteten eine bestimmte Ausdrucksweise und Haltung, die ein äußeres Zeichen des Respekts sind, den sie Ihnen schulden. Unterrichten Sie auch Ihre Kinder und wenden Sie persönlich Verfahren an, die Ihre Diener verstehen lassen, dass Sie ihre individuelle Würde respektieren, so wie Sie wünschen, dass sie Sie respektieren? Sie haben hier ein ausgezeichnetes Lernfeld, um die Praxis des gegenseitigen Respekts zu üben, der eine der wichtigsten Voraussetzungen für die soziale Gesundheit ist. Ich befürchte, dass dies zu wenig genutzt wird. Sie fordern zwar Respekt, aber Sie praktizieren ihn nicht. In den meisten Fällen erhalten Sie nur Heuchelei und das zusätzliche, unerwartete Ergebnis ist, dass Sie den Stolz in Ihren Kindern gezüchtet haben. Diese beiden Faktoren zusammengenommen führen zu großen Schwierigkeiten für die Zukunft, die Sie sichern müssen. Ich habe daher Recht, wenn ich sage, dass Sie an dem Tag, an dem Sie durch Ihre Gewohnheiten und Praktiken zu einem Rückgang des Respekts geführt haben, einen großen Verlust erlitten haben.

Warum sollte ich das nicht sagen? Es scheint mir, dass die meisten von uns an diesem Rückgang arbeiten. Überall und in fast allen Gesellschaftsschichten stelle ich fest, dass in der Kindheit ein ziemlich schlechter Geist gepflegt wird, ein Geist der gegenseitigen Verachtung. Hier wird jeder verachtet, der schwielige Hände und Arbeitskleidung hat, dort wird jeder verachtet, der nicht die Strickjacke trägt. Kinder, die in diesem Geist erzogen werden, werden eines Tages zu traurigen Mitbürgern werden. All dies lässt die Einfachheit vermissen, die es Menschen guten Willens auf den verschiedenen Stufen einer Gesellschaft ermöglicht, zusammenzuarbeiten, ohne dass sie durch die zufällige Distanz zwischen ihnen behindert werden.

Wenn der Kastengeist den Respekt verliert, dann verliert ihn auch der Parteigeist, egal welcher Art. In manchen Kreisen werden die Kinder so erzogen, dass sie nur ein einziges Vaterland verehren, nämlich ihr eigenes, eine einzige Politik, nämlich die ihrer Eltern und Lehrer, eine einzige Religion, nämlich die, die ihnen eingetrichtert wird. Kann man sich wirklich vorstellen, auf diese Weise Menschen zu erziehen, die das Vaterland, die Religion und das Gesetz respektieren? Ist der Respekt, der sich nur auf das erstreckt, was uns berührt oder uns gehört, ein guter Stil? Es ist eine seltsame Blindheit der Cliquen und Klubs, die sich mit so viel naiver Selbstgefälligkeit den Titel "Schulen des Respekts" anmaßen und die außer sich selbst nichts respektieren. Im Grunde sagen sie: Das Vaterland, die Religion, das Gesetz, das sind wir! Eine solche Lehre führt zu Fanatismus. Auch wenn Fanatismus nicht das einzige antisoziale Ferment ist, so ist er doch eines der schlimmsten und energischsten.

Wenn die Einfachheit des Herzens eine wesentliche Voraussetzung für Respekt ist, dann ist die Einfachheit des Lebens die beste Schule dafür. Unabhängig von Ihren Vermögensverhältnissen sollten Sie alles vermeiden, was Ihre Kinder glauben lässt, dass sie mehr als andere sind. Selbst wenn Ihre Situation es Ihnen erlauben würde, sie reich zu kleiden, denken Sie an den Schaden, den Sie ihnen zufügen können, wenn Sie ihre Eitelkeit erregen. Bewahren Sie sie vor dem Unglück, jemals zu glauben, dass es ausreicht, sich sorgfältig zu kleiden, um eine Vornehmheit zu besitzen, und vor allem vergrößern Sie nicht leichten Herzens durch ihre Kleidung und ihre Gewohnheiten die Distanz, die sie bereits von ihren Mitmenschen trennt. Kleiden Sie sie einfach. Wenn Sie jedoch sparen müssten, um Ihren Kindern das Vergnügen zu bieten, elegant gekleidet zu sein, würde ich Sie bitten, Ihre Opferbereitschaft für einen besseren Zweck einzusetzen. Sie würden riskieren, dass er schlecht belohnt wird. Sie säen Ihr Geld, obwohl es besser wäre, es für ernsthafte Bedürfnisse zu sparen; Sie bereiten sich auf eine spätere Ernte der Undankbarkeit vor. Wie gefährlich ist es, Ihre Söhne und Töchter an einen Lebensstil zu gewöhnen, der Ihre und ihre Möglichkeiten übersteigt? Erstens schadet es dem Geldbeutel und zweitens fördert es den Geist der Verachtung in der Familie selbst. Wenn Sie Ihre Kinder wie kleine Herren kleiden und ihnen das Gefühl geben, dass sie über Ihnen stehen, ist es kein

Wunder, dass sie Sie schließlich verachten. Sie werden deklassierte Menschen an Ihren Tisch bringen. Diese Art von Produkten ist sehr teuer und wertlos.

Es gibt auch eine bestimmte Art, Kinder zu unterrichten, die dazu führt, dass sie ihre Eltern, ihr Umfeld, die Sitten und die Arbeit, mit der sie aufgewachsen sind, verachten. Ein solcher Unterricht ist eine Katastrophe. Sie ist nur dazu geeignet, eine Legion von Unzufriedenen zu produzieren, die sich im Herzen von ihrem Stamm, ihrer Herkunft, ihren Verwandten und allem, was einen Menschen ausmacht, trennen. Sobald sie sich von dem starken Baum, der sie hervorgebracht hat, gelöst haben, werden sie vom Wind ihres fehlgeleiteten Ehrgeizes über die Erde getrieben, wie tote Blätter, die sich an bestimmten Stellen sammeln, gären und verrotten.

Die Natur geht nicht in Sprüngen und Sprüngen vor, sondern entwickelt sich langsam und sicher. Ahmen wir sie in der Art und Weise nach, wie wir unseren Kindern eine Karriere bereiten. Verwechseln wir Fortschritt und Vorwärtskommen nicht mit diesen gewalttätigen Übungen, die man als Saltos bezeichnet. Erziehen wir unsere Kinder nicht so, dass sie die Arbeit, das Streben und den Geist der Einfachheit des Elternhauses verachten; setzen wir sie nicht der bösen Versuchung aus, sich unserer Armut zu schämen, wenn sie selbst jemals zu Reichtum gelangen. Eine Gesellschaft ist an dem Tag krank, an dem die Söhne der Bauern beginnen, sich vor den Feldern zu ekeln, die Söhne der Matrosen die See verlassen und die Töchter der Arbeiter in der Hoffnung, als Erbinnen angesehen zu werden, lieber allein durch die Straßen gehen, als am Arm ihrer tapferen Eltern. Eine Gesellschaft ist hingegen gesund, wenn jedes ihrer Mitglieder sich bemüht, ungefähr das zu tun, was seine Eltern taten, nur besser, und mit dem Ziel aufzusteigen, sich zunächst mit den bescheideneren Aufgaben zufrieden gibt und sie gewissenhaft ausführt[2].

Die Erziehung soll freie Menschen formen. Wenn Sie Ihre Kinder für die Freiheit erziehen wollen, dann erziehen Sie sie einfach und fürchten Sie nicht, dass Sie dadurch ihr Glück beeinträchtigen. Ganz im Gegenteil. Je mehr luxuriöse Spielzeuge, Feste und erlesene Vergnügungen ein Kind hat, desto weniger Spaß hat es. Dies ist ein sicherer Hinweis. Wir sollten in unseren Möglichkeiten, die Jugend zu erfreuen und zu unterhalten, zurückhaltend sein und vor allem nicht leichtfertig falsche Bedürfnisse schaffen. Essen, Kleidung, Unterkunft, Unterhaltung, all dies sollte so natürlich und unkompliziert wie möglich sein. Um den Kindern das Leben angenehm zu machen, geben manche Eltern ihnen die Gewohnheit der Völlerei und Faulheit, lassen sie Aufregungen erleben, die nicht mit ihrem Alter vereinbar sind und vervielfachen die Einladungen und Aufführungen. Das ist eine traurige Gegenwart. Anstelle eines freien Mannes erziehen Sie einen Sklaven. Er ist zu sehr an den Luxus gewöhnt und wird müde werden, doch wenn ihm aus dem einen oder anderen

---

2 Dies wäre der Ort, um über die Arbeit im Allgemeinen und ihren belebenden Einfluss auf die Erziehung zu sprechen. Aber ich habe dieses Thema in meinen Werken Gerechtigkeit, Jugend, Tapferkeit behandelt und möchte den Leser hier nur darauf verweisen.

Grund die Bequemlichkeit fehlt, wird er unglücklich sein und Sie mit ihm; und was noch schlimmer ist, Sie alle zusammen werden vielleicht bereit sein, in den großen Gelegenheiten des Lebens die Menschenwürde, die Wahrheit und die Pflicht aus reiner Feigheit zu opfern.

Lassen Sie uns daher unsere Kinder einfach, ich würde fast sagen hart, erziehen; lassen Sie uns sie zu kräftigenden Übungen, ja sogar zu Entbehrungen erziehen. Lassen Sie sie zu denen gehören, die besser darauf vorbereitet sind, auf dem harten Boden zu schlafen und Mühen zu ertragen, als die Freuden des Essens und die Bequemlichkeit eines Bettes zu genießen. Auf diese Weise werden wir sie zu unabhängigen und soliden Männern machen, auf die man sich verlassen kann, die sich nicht für ein wenig Wohlstand verkaufen und die dennoch mehr als jeder andere die Fähigkeit haben, glücklich zu sein.

Ein zu leichtes Leben führt zu einer Art Ermüdung der Lebensenergie. Man wird blasiert, desillusioniert, ein junger alter Mann, der nicht mehr zu halten ist. Wie viele Kinder und junge Menschen sind heute in dieser Situation. Auf ihnen haben sich wie traurige Schimmelpilze die Spuren unseres Verfalls, unserer Skepsis, unserer Laster und der schlechten Gewohnheiten, die sie sich in unserer Gesellschaft angeeignet haben, niedergelassen. Wie viele Gedanken machen wir uns über uns selbst, wenn wir diese verblasste Jugend sehen? Wie viele Warnungen sind auf diesen Stirnen eingeprägt!

Diese Schatten sagen uns durch den Kontrast selbst, dass das Glück darin besteht, ein wahrer, aktiver, primitiver Lebender zu sein, unberührt vom Joch der Leidenschaften, der falschen Bedürfnisse und der krankhaften Erregung, der in seinem Körper die Fähigkeit bewahrt hat, das Tageslicht und die Luft zum Atmen zu genießen und in seinem Herzen die Fähigkeit, alles Großzügige, Einfache und Schöne zu lieben und mit Kraft zu empfinden.

Ein falsches Leben führt zu falschem Denken und unsicheren Worten. Gesunde Gewohnheiten, starke Eindrücke und der gewöhnliche Kontakt mit der Realität führen auf natürliche Weise zu einer ehrlichen Sprache. Die Lüge ist ein Laster der Sklaven, die Zuflucht der Feiglinge und Weichlinge. Jeder, der frei und fest ist, ist auch ehrlich. Ermutigen wir unsere Kinder zu der glücklichen Kühnheit, alles zu sagen, ohne ihre Worte zu kauen! Was wird normalerweise getan? Man unterdrückt und nivelliert die Charaktere, um die Uniformität zu erreichen, die für die große Herde gleichbedeutend mit dem guten Ton ist. Mit dem Verstand denken, mit dem Herzen fühlen, das wahre Ich ausdrücken, welche Unschicklichkeit, welche Rustikalität!-Oh, was für eine schreckliche Erziehung, die darin besteht, in jedem von uns die einzige Sache zu ersticken, die ihm seine Daseinsberechtigung gibt. Wie viele Seelenmorde werden von uns begangen! Die einen werden mit dem Gewehrkolben erschlagen, die anderen sanft zwischen zwei Steppdecken erstickt. Alles hat sich gegen unabhängige Charaktere verschworen. Als Kind möchte man uns als Bilder oder Puppen sehen, als Erwachsener liebt man uns unter der Bedingung, dass wir wie alle anderen Automaten sind: wenn man einen gesehen hat, kennt man alle. Aus diesem Grund hat uns der Mangel an Originalität und Initiative befallen und Flachheit und Monotonie sind die Markenzeichen unseres Lebens. Die Wahrheit wird uns befreien: Bringen wir unseren Kindern bei, sie selbst zu sein, ihren eigenen Klang zu geben, ohne Risse oder Dämpfer. Lassen Sie uns ihnen Loyalität als ein Bedürfnis vermitteln und in ihren schlimmsten Verfehlungen, vorausgesetzt sie geben sie zu, sollten wir es ihnen als Verdienst anrechnen, dass sie mit offenem Visier böse waren.

Verbinden wir die Offenheit mit der Naivität in unserer Fürsorge als Erzieher. Lassen wir dieser etwas wilden, aber so anmutigen und wohltätigen Begleiterin der Kindheit jede mögliche Rücksichtnahme zukommen. Wir dürfen sie nicht erschrecken. Wenn sie einmal von einem Ort weggelaufen ist, kommt sie nur selten zurück. Naivität ist nicht nur die Schwester der Wahrheit, die Hüterin der eigenen Qualitäten, sie ist auch eine große erzieherische und enthüllende Kraft. Ich sehe zu viele sogenannte positive Menschen um uns herum, die mit einer furchterregenden Brille und einer großen Schere bewaffnet sind, um naive Dinge aufzuspüren und ihnen die Flügel zu stutzen. Sie reißen die Naivität aus dem Leben, dem Denken, der Erziehung und verfolgen sie sogar bis in die Regionen der Träume. Unter dem Vorwand, ihre Kinder zu Menschen zu machen, hindern sie sie daran, Kinder zu sein, als ob es vor den reifen Früchten des Herbstes nicht die Blumen, die Düfte, die Lieder, den Zauber des Frühlings geben sollte.

Ich bitte um Gnade für alles, was naiv und einfach ist, nicht nur für die unschuldigen Nettigkeiten, die um die Lockenköpfe flattern, sondern auch für die Legende, das naive Lied, die Erzählungen aus der Welt der Wunder und des Geheimnisses. Der Sinn für das Wunderbare ist im Kind die erste Form des Sinns für das Unendliche, ohne den ein Mensch wie ein Vogel ohne Flügel ist. Entwöhnen wir die Kindheit nicht vom Wunderbaren, damit sie die Fähigkeit behält, sich über das Irdische zu erheben und später diese frommen und rührenden Symbole der vergangenen Zeitalter zu schätzen, in denen die menschliche Wahrheit Ausdrucksformen gefunden hat, die unsere trockene Logik niemals ersetzen kann.

XIV. Schlussfolgerung.

Ich denke, ich habe den Geist und die Manifestationen des einfachen Lebens ausreichend beschrieben, um zu zeigen, dass es hier eine vergessene Welt der Kraft und Schönheit gibt. Diejenigen, die die Energie haben, sich von den verhängnisvollen Nichtigkeiten, mit denen unser Leben behaftet ist, zu lösen, könnten sie erobern. Sie würden bald feststellen, dass der Verzicht auf oberflächliche Befriedigungen und kindische Ambitionen die Fähigkeit glücklich zu sein und die Kraft für die Gerechtigkeit erhöht. Diese Ergebnisse beziehen sich sowohl auf das private als auch auf das öffentliche Leben. Es ist unbestreitbar, dass wir, wenn wir gegen die fieberhafte Neigung zu glänzen ankämpfen, wenn wir aufhören, die Befriedigung unserer Wünsche zum Ziel unserer Aktivitäten zu machen, wenn wir zu bescheidenen Vorlieben und zum wahren Leben zurückkehren, daran arbeiten würden, die Familie zu konsolidieren. Ein anderer Geist würde durch unsere Häuser wehen und neue Sitten und ein günstigeres Umfeld für die Erziehung der Kinder schaffen. Nach und nach würden sich unsere jungen Männer und Frauen zu einem höheren und gleichzeitig realistischeren Ideal hingezogen fühlen. Diese innere Veränderung würde mit der Zeit einen Einfluss auf den öffentlichen Geist ausüben. So wie die Stärke einer Mauer von der Körnung der Steine und dem Grad der Konsistenz des Zements, der sie zusammenhält, abhängt, so hängt die Energie des öffentlichen Lebens von den individuellen Werten der Bürger und der Stärke ihres Zusammenhalts ab. Das große Desideratum unserer Zeit ist die Kultivierung des sozialen Elements, das das menschliche Individuum ist. Alles in der gegenwärtigen Organisation der Gesellschaft führt uns zu diesem Element zurück. Wenn wir es vernachlässigen, laufen wir Gefahr, den Nutzen des Fortschritts zu verlieren und sogar die hartnäckigsten Bemühungen gegen uns aufzubringen. Wenn der Arbeiter in einer ständig verbesserten Ausrüstung an Wert verliert, wozu dienen dann die Maschinen, über die er verfügt? Sie dienen dazu, durch ihre Eigenschaften die Fehler desjenigen zu verschlimmern, der sie ohne Unterscheidungsvermögen oder Gewissen bedient. Das Räderwerk der großen modernen Maschine ist unendlich empfindlich. Böswilligkeit, Impertinenz oder Korruption können hier viel größere Probleme verursachen als in dem mehr oder weniger rudimentären Organismus der früheren Gesellschaft. Wir müssen daher auf die Qualität des Einzelnen achten, der in irgendeiner Weise zum Funktionieren dieser Maschine beitragen soll. Diese Person sollte stark und verbindend sein und sich an dem zentralen Lebensgesetz orientieren: sich selbst und brüderlich sein. Alles in uns und außerhalb von uns vereinfacht und vereint sich unter dem Einfluss dieses Gesetzes, das für alle gleich ist und nach dem jeder seine Handlungen ausrichten muss, denn unsere wesentlichen Interessen sind nicht gegensätzlich, sondern identisch. Wenn wir den Geist der Einfachheit kultivieren, können wir dem öffentlichen Leben einen stärkeren Zusammenhalt verleihen.

Die Phänomene der Zersetzung und des Verfalls, die wir im öffentlichen Leben beobachten, haben alle die gleiche Ursache: Mangel an Festigkeit und Mangel an Zusammenhalt. Es kann nicht oft genug betont werden, wie der Triumph der kleinen Interessen der Kaste, des Klüngels, des Kirchturms, das erbitterte Streben nach persönlichem Wohlergehen dem sozialen Wohl zuwiderläuft und als fatale Folge das Glück des Einzelnen zerstört. Eine Gesellschaft, in der jeder nur auf sein eigenes Wohlergehen bedacht ist, ist eine organisierte Unordnung. Die unversöhnlichen Konflikte unserer unnachgiebigen Egoismen sind die einzige Lehre, die wir daraus ziehen können.

Wir ähneln zu sehr jenen Menschen, die sich auf ihre Familie berufen, um von ihr Vorteile zu verlangen, aber nicht, um ihr Ehre zu erweisen. Auf jeder Stufe der sozialen Skala erheben wir Ansprüche. Wir behaupten alle, dass wir Gläubiger sind, aber niemand erkennt sich als Schuldner. Unser Umgang mit unseren Mitbürgern besteht darin, dass wir sie in freundlichem oder arrogantem Ton auffordern, ihre Schulden bei uns zu begleichen. Mit diesem Geist kann man nichts Gutes erreichen. Denn im Grunde ist es der Geist des Privilegs, der ewige Feind des gemeinsamen Gesetzes, das immer wiederkehrende Hindernis für eine brüderliche Verständigung.

In einem Vortrag, den Herr Renan 1882 hielt, sagte er, dass eine Nation "eine geistige Familie" sei und fügte hinzu: "Das Wesen einer Nation besteht darin, dass alle Individuen viele Dinge gemeinsam haben und dass sie auch viele Dinge vergessen haben". Es ist wichtig zu wissen, was man vergessen und woran man sich erinnern sollte, nicht nur in der Vergangenheit, sondern auch im täglichen Leben. Was uns trennt, belastet unsere Erinnerungen, was uns vereint, wird ausgelöscht. Jeder behält am hellsten Punkt seiner Erinnerung ein lebhaftes, scharfes Gefühl für seine nebensächliche Eigenschaft, eine Person zu sein, sei es ein Landwirt, ein Industrieller, ein Gelehrter, ein Beamter, ein Proletarier, ein Bürger oder ein politischer oder religiöser Sektierer, aber seine wesentliche Eigenschaft, ein Kind des Landes und ein Mensch zu sein, wird in den Schatten gedrängt. Er hat kaum eine theoretische Vorstellung davon. Das Ergebnis ist, dass das, was uns beschäftigt und unser Handeln bestimmt, genau das ist, was uns von anderen trennt, und es bleibt kaum Platz für den Geist der Einheit, der wie die Seele eines Volkes ist.

Dies führt auch dazu, dass wir vorzugsweise schlechte Erinnerungen in den Köpfen unserer Mitmenschen aufrechterhalten. Menschen, die von einem partikularistischen, exklusiven und hochmütigen Geist beseelt sind, kränken sich täglich gegenseitig. Sie können sich nicht treffen, ohne das Gefühl ihrer Spaltungen und Rivalitäten zu wecken. Langsam sammelt sich so in ihrer Erinnerung ein Vorrat an gegenseitigem Unwillen, Misstrauen und Groll an. All dies ist der schlechte Geist mit seinen Folgen.

Wir müssen ihn aus unserem Umfeld entfernen. Erinnere dich, vergiss! Dies sollte uns jeden Morgen in allen unseren Beziehungen und Funktionen gesagt werden. Erinnern Sie sich an das Wesentliche, vergessen Sie das Nebensächliche! Wie viel besser würde man seine Pflichten als Bürger erfüllen, wenn der niedrigste und der höchste Bürger von diesem Geist genährt würden! Wie sehr würde man gute Erinnerungen in den Köpfen seiner Mitmenschen fördern, wenn man sie mit freundlichen Taten beschenkt und ihnen die Verfahren erspart, bei denen sie mit Hass im Herzen sagen müssen: "Das werde ich nie vergessen"!

Der Geist der Einfachheit ist ein großer Zauberer. Er korrigiert Unebenheiten, baut Brücken über Risse und Abgründe und bringt Hände und Herzen zusammen. Die Formen, die er in der Welt annimmt, sind unendlich zahlreich. Aber niemals erscheint er uns bewundernswerter, als wenn er sich durch die fatalen Barrieren von Situationen, Interessen und Vorurteilen hindurch zeigt, über die schlimmsten Hindernisse triumphiert und es denen, die alles zu trennen scheint, ermöglicht, sich zu verstehen, sich zu schätzen und zu lieben. Dies ist der wahre soziale Kitt und mit diesem Kitt wird ein Volk aufgebaut.

BUCHTIPPS

Armageddon 2419 AD
Deutschsprachige Ausgabe Autor: Nowlan, Phillip Frances Die Erzählung Armageddon 2419 A.D beschreibt eine endzeitliche Katastrophe im Amerika des 25. Jahrhunderts. Das ganze Land wurde von den Chaharen Han erobert. Die Han besitzen eine hochentwickelte Technologie und haben große Fluggeräte mit Desintegrator-Strahlenwaffen, die tödlich wirken. Von Zeit zu Zeit fallen sie in das amerikanische Land ein, um die ...

Auf kühnem Flug zum Mars
Eine kosmische Erzählung. Autor: Valier, Max. MAX VALIER war nicht nur einer der bedeutendsten deutschen Raketenexperimentatoren und -enthusiasten, sondern auch der erste Mensch, der sein Leben der Raketentechnik widmete. Sein Tod im Sommer 1930 durch die Explosion eines Sauerstofftanks bei einem Test war ein schwerer Schlag für die Raketenpioniere. Die vorliegende Geschichte schrieb er kurz vor seinem ...

Conan der Legendäre: Der Schwarze Koloss
Autor: Howard, Robert E. „Der schwarze Koloss" ist eine der originalen Geschichten mit dem fiktiven Schwert- und Zaubereihelden Conan dem Legendären, geschrieben vom amerikanischen Autor Robert E. Howard und erstmals im Juni 1933 in der Zeitschrift Weird Tales veröffentlicht. Die Geschichte spielt im pseudohistorischen Hyborianischen Zeitalter. Das winzige Königreich Khoraja – mit einer gemischten hyborianischen / schemitischen ...

Conan der Legendäre: Der Schwarze Zirkel
Autor: Howard, Robert E. „Der Schwarze Zirkel" (The People of the Black Circle) ist eine der Original-Novellen über Conan dem legendären Barbaren, geschrieben vom amerikanischen Autor Robert E. Howard und erstmals in der Zeitschrift Weird Tales in drei Teilen in den Ausgaben vom September, Oktober und November 1934 veröffentlicht. Die Geschichte spielt im pseudohistorischen Hyborianischen Zeitalter und ...

Conan der Legendäre: Rote Nägel
Autor: Howard, Robert E. „Rote Nägel" ist eine der seltsamsten Geschichten, die je geschrieben wurden – die Geschichte eines barbarischen Abenteurers, einer Piratenfrau und einer verschollenen unheimlichen Stadt, die von dem eigentlichsten Volk der Menschheit bewohnt wurde ... Es ist die letzte der originalen Geschichten über Conan den Legendären Kimmerier, die der amerikanische Autor Robert E. ...

Conan der Legendäre. Jenseits des Schwarzen Flusses
Autor: Howard, Robert E. „Jenseits des Schwarzen Flusses" (engl. „Beyond the Black River") ist eine der originalen Geschichten über Conan den Kimmerier, geschrieben vom amerikanischen Autor Robert E. Howard und erstmals veröffentlicht in der Zeitschrift Weird Tales, Mai-Juni 1935. Die Geschichte spielt in Conajohara, einer neu gegründeten Provinz in Aquilona. Balthus, ein junger Siedler auf dem Weg ...

Das Höhlenmädchen und der Höhlenmann
Vom Autor der Tarzan Geschichten Autor: Burroughs, Edgar Rice Das blaublütige Muttersöhnchen Waldo Emerson Smith-Jones wird während einer Südseereise über Bord gespült. Er findet sich auf einer unbekannten Dschungelinsel wieder. Da er ein Feigling ist, hat er vor allem Unbekannten Angst und seine Erziehung hat ihn nicht darauf vorbereitet, im Dschungel zu überleben. Als er primitiven, mordlustigen ...

Das Kristall-Ei
und Eine Terrornacht / Operation in der vierten Dimension / In der Raumzeit verirrt. Autor: Wells, H.G.; Breuer, Miles J.; Zagat, Arthur Leo Dieses Buch enthält unter anderem eine gewaltige Geschichte von einem der größten Wissenschaftsautoren. Es ist eine Geschichte, die Sie bis zum Ende raten lässt – eine Geschichte, die Ihnen noch viele Jahre später in ...

Das rote Zimmer
und Der neue Nervenbeschleuniger / Das Ding von – „Draußen" / Die Farbe aus dem All Autor:Wells, H.G.; England, G. A.; Lovecraft, H.P. Ein ungenannter Protagonist und Erzähler beschließt, die Nacht in einem angeblich gespenstischen Raum zu verbringen, der im lothringischen Schloss knallrot gefärbt ist. Er beabsichtigt, die Legenden, die ihn umgeben, zu widerlegen. Trotz der vagen ...

Das unvergängliche Gespenst
Berühmte moderne Geistergeschichten. Autor: Scarborough, Dorotha. Gespenster sind die wahren Unsterblichen, und die Toten werden immer lebendiger. Die Geister sind lebendiger und viel zahlreicher als je zuvor, und die Menschen interessieren sich mehr für sie. Es gibt Personen, die behaupten, mit bestimmten Geistern bekannt zu sein, mit ihnen zu sprechen, mit ihnen zu korrespondieren, und sogar ...

Der Mann, der Wunder vollbringen konnte
und Der Maschinenmensch von Ardathia / Der Todesstaub / Der Gesandte der Aliens Autor: Wells, H.G.; Flagg, Francis; Zagat, Arthur Leo; Jameson, Malcolm Die Titel-Geschichte ist ein Beispiel für die große zeitgenössische Fantasy.Sie stellt als Fantasy-Prämisse (einen Zauberer mit enormer, praktisch unbegrenzter magischer Kraft) nicht in eine exotische, halbmittelalterliche Kulisse, sondern in den tristen Routinealltag des Londoner ...

Der Maschinenfresser

und Die Frauen des Waldes, Der schreckliche Alte, Die Braut des Verrückten Autoren: Weinbaum, Stanley G.; Merritt, Abraham; Zagat, Arthur Leo; Lovecraft, H.P. Wer ist der größte Wissenschaftler, der je gelebt hat? Einstein? Galileo? Edison? Es ist van Manderpootz! – Das gibt er sogar selbst zu. in der Titelgeschichte geht es um die Verbindung von Dixon Wells, einem ...

Der schreckliche Gott Taa

und Die Pilzvergiftung, Satan geht zum Angriff über, Jenseits des Zeittors Autor: Wells, H.G.; Jameson, Malcolm; Zagat, Arthur Leo; O'Brien, David Wright Die Titel-Geschichte „Der Schreckliche Gott Taa" stammt vom amerikanischen Schriftsteller Malcolm Jameson. „Die großen Bleichgesichter der Erde brachten den Schrecken zum friedlichen Planeten Arania – sie versklavten seine Bewohner und beraubten ihn seiner Schönheit. Aber das ...

Die Dreißig Grenze

oder Der verlorene Kontinent vom Autor der Tarzan Geschichten. Autor: Burroughs, Edgar Rice. Der Autor stellt sich eine Zukunft im dreiundzwanzigsten Jahrhundert vor, in der die westliche Hemisphäre den Kontakt mit dem Rest der Welt abbricht und es verboten ist, den dreißigsten Längengrad nach Osten zu überqueren. Im Jahr 2237 ist der Leutnant der Pan-American Navy, Jefferson ...

Die Farm der Tiere

Eine Vision über bedenkliche gesellschaftliche Entwicklungen. Autor: Orwell, Georg. Eines Nachts versammeln sich alle Tiere vom „Herrenhof" in der großen Scheune, um Old Major zu lauschen. Der preisgekrönte alte Eber hatte einen Traum, in dem die Tiere der Farm das Joch der Unterdrückung abschütteln und nicht mehr nur für den unfähigen und ständig betrunkenen Bauer Jones arbeiten ...

Die junge Mondfrau

Mondepos vom Autor der Tarzan Geschichten. Autor: Burroughs, Edgar Ric. Im zweiundzwanzigsten Jahrhundert kommt Admiral Julian der Dritte nicht zur Ruhe, denn er kennt seine Zukunft. Er wird im darauffolgenden Jahrhundert als sein Enkel Julian der Fünfte wiedergeboren. Dort ist Julian der Kommandant eines Raumschiffs, das zum Mars aufbricht. Aufgrund eines technischen Defekts muss sein Raumschiff jedoch ...

Die verlorene Welt

Abenteuerroman. Autor: Doyle, Conan. Der Titel ‚Die verlorene Welt' ist der Band 9 in der Buchreihe ‚Historical Diamond'. Der britische Autor Sir Arthur Ignatius Conan Doyle war Arzt. Seine Praxis in Southsea/Portsmouth ließ ihm aber genügend Zeit noch Romane zu schreiben. Bekannt sind seine Sherlock-Holmes-Geschichten. Neben Kriminalgeschichten schrieb er Abenteuerromane. In dieser Buchreihe werden die Juwelen bedeutender ...

In der Tiefe

und Flug zum Titan / Eine Herberge der Hölle / Freddie Funks verrückte Meerjungfrau. Autor: Wells, H.G.; Weinbaum, Stanley G.; Zagat, Arthur Leo; Yerxa, Leroy Die Titel-Geschichte „In the Abyss (In der Tiefe)" stammt vom englischen Schriftsteller H. G. Wells. Sie beschreibt eine Reise des Forschers Elstead zum Meeresgrund. Dieser hat einen Apparat erfunden, mit dem eine ...

John Carter – Der Riese und die Gelben vom Mars

vom Autor der Tarzan Geschichten. Autor: Burroughs, Edgar Rice. Die Saga um John Carter vom Mars bzw. der Barsoom- oder Mars-Zyklus ist eine der bekanntesten und auch beliebtesten Science-Fiction-Buchreihen des Tarzan-Autors Edgar Rice Burroughs. In der ersten Geschichte Der Riese kämpft John Carter gegen Riesenratten, Baumreptilien und bösen Rivalen um Macht und Liebe auf dem exotischen Planeten Barsoom ...

John Carter – Die Hölle von Baarsoom

vom Autor der Tarzan Geschichten. Autor: Burroughs, Edgar Rice. Die Saga um John Carter vom Mars bzw. der Barsoom- oder Mars-Zyklus ist eine der bekanntesten und auch beliebtesten Science-Fiction-Buchreihen des Tarzan-Autors Edgar Rice Burroughs. In der Titelgeschichte „Die Hölle von Barsoom" geht es um Menschen, die seit einer Million Jahre auf dem exotischen Planeten Barsoom (unserem Mars) tot ...

John Carter – Knochenmänner und die unsichtbaren vom Mars

Vom Autor der Tarzan Geschichten. Autor: Burroughs, Edgar Rice. Die Saga um John Carter vom Mars bzw. der Barsoom- oder Mars-Zyklus ist eine der bekanntesten und auch beliebtesten Science-Fiction-Buchreihen des Tarzan-Autors Edgar Rice Burroughs. In der Geschichte „Die Unsichtbaren vom Mars" geht es um eine der gefährlichsten Situationen für John Carter. Nirgendwo auf dem Mars war der Held ...

Tarzan und das Gold von Opar

Die Rache der Hohepriesterin La. Autor: Burroughs, Edgar Ric. Tarzan kehrt nach Opar zurück, der Quelle des Goldes, wo sich eine vergessene Kolonie des sagenumwobenen Atlantis befand, weil er einige finanzielle Rückschläge, die er kürzlich erlitten hat, wieder gutmachen will. Während Atlantis selbst vor Tausenden von Jahren in den Fluten versank, bauten die Menschen von Opar weiterhin ...

"Wir" spielt im "Nummern-Einheitsstaat", einem durch eine hohe Mauer geschützten futoristischen Polizeistaat mit Menschen, die als Nummern bezeichnet werden. Heerscharen von "Beschützern" wachen über das "Wohl" der Nummern, deren Leben bis zum kleinsten Handgriff reglementiert ist. Der Einzelne zählt nicht, was zählt, ist das Kollektiv. Individualität wird nicht geduldet. Wer sich nicht regelkonform verhält, wird öffentlich hingerichtet.

Wie die anderen lebt D-503, der Konstrukteur der Rakete Integral, aus Überzeugung regelkonform. Bei einem Spaziergang lernt er eine Frau namens I-330 kennen, deren Verhalten nach den offiziellen Regeln höchst illegal ist. Nach und nach enthüllt ihm I-330, dass sie mit den MEPHI zu tun hat, einer Organisation, die den Umsturz des Systems anstrebt. Das stürzt D-503 in einen heftigen inneren Konflikt.

"Wir" (1921) beeinflusste das Aufkommen der Dystopie als literarisches Genre. George Orwell behauptete, dass Aldous Huxleys "Schöne neue Welt" von 1931 zum Teil von "Wir" abgeleitet sein müsse. Ayn Rands "Anthem" (1938) weist ebenfalls viele signifikante Ähnlichkeiten mit "Wir" auf. Robert Russell kommt zu dem Schluss, dass "1984 so viele Züge mit Wir gemeinsam hat, dass es keinen Zweifel an der generellen Verwandtschaft mit Wir geben kann".

Diese neue Übersetzung von "Wir" ist ein Werk, das man gelesen haben muss.

Wir

Untertitel: oder "Lang lebe der Nummern-Einheitsstaat" - Neuübersetzung
Autor: Samjatin, Jewgeni Iwanowitsch
Medium: Buch, E-Book
Buch-ISBN: 9783755756316
E-Book-ISBN: 9783755721086